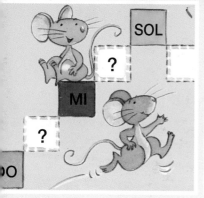

SOL

?

MI

?

DO

Remerciements à Monsieur Thierry Arnould, violoniste, guitariste et compositeur, pour ses précieux conseils.

Les photos des instruments des pages 92 - 94 - 96 - 98 - 99 -100 - 102 - 104 sont publiées avec l'aimable autorisation des Éditions J.M. FUZEAU SA - 79440 COURLAY.

L'imagerie de la musique

Conception et texte :
Émilie Beaumont

Marie-Renée Pimont
Institutrice d'école maternelle,

Images :
Colette David - Marie Vincent
François Ruyer

FLEURUS
ENFANTS

ÉDITIONS FLEURUS. 11, rue Duguay-Trouin 75006 PARIS

JOUER AVEC LES SONS

DES SONS QUE TU CONNAIS

Avec tes oreilles, tu as entendu beaucoup de sons que tu sais reconnaître. Peux-tu imiter avec ta voix le son qui va avec les images ?

le téléphone

l'ambulance

le camion de pompiers

le réveil

la perceuse électrique

la tronçonneuse

la voiture

l'aspirateur

le claquement d'une porte

Pars à la chasse aux sons : dans la cuisine, dans un jardin, dans la voiture... Si tu as un magnétophone, tu peux les enregistrer.

Le souffle du vent dans les feuilles

Les gouttes de pluie qui frappent les vitres

Le grondement du tonnerre

Le bruit de l'eau qui tombe en cascade

Le chant des vagues sur la plage

Le bruit des pas dans les flaques d'eau

Le crissement des pas dans la neige

Le bruit des pas dans les feuilles mortes

Le bruit des pas dans les graviers

COMMENT PRODUIRE UN SON ?

Si tu veux être silencieux, tu arrêtes de bouger. Dès que tu bouges, tu fais naître des sons. Le son, c'est de l'air et du mouvement !

Si tu lances un caillou dans l'eau, tu vois des ronds de plus en plus larges se former autour de l'endroit où il est tombé : tu as créé des "ondes". Quand tu chasses l'air en soufflant, quand tu attires l'air en inspirant, tu crées des ondes invisibles dans l'air et tu fais naître un son.

Dans l'espace, c'est le grand silence : il n'y a pas d'air, donc le son n'existe pas. Les astronautes communiquent par radio.

Quand tu fais vibrer la règle ou l'élastique, l'air qui est autour s'agite et chante... comme l'air que tu bouscules en soufflant dans la bouteille !

La bouteille est pleine d'air. Si tu souffles dedans, tu fais vibrer l'air et tu produis un son.

Serre un élastique entre tes dents et tends-le. Appuie sur l'élastique avec tes doigts et écoute !

Pose l'extrémité d'une règle en plastique sur le bord d'une table. Maintiens la fortement avec une main. Avec l'autre main, appuie sur l'autre extrémité puis relâche-la : la règle "vibre". Quand la vibration s'arrête, le son s'arrête.

DEUX OREILLES POUR ENTENDRE

Le pavillon, c'est le nom de la partie visible de nos oreilles. Il capte les ondes des sons et les dirige vers le petit trou de l'oreille.

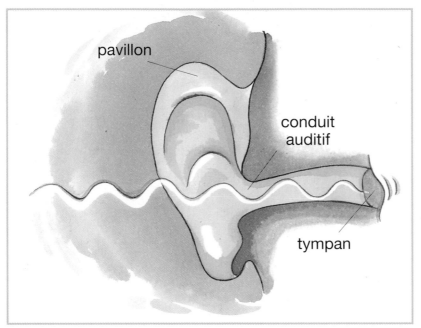

Les vibrations arrivent sur le pavillon de l'oreille.
Elles passent dans le conduit auditif...
Elles frappent le tympan, une peau très fine mais solide qui est tendue en travers du conduit.

La partie des oreilles qu'on ne voit pas s'appelle l'oreille interne. Elle est cachée derrière les yeux.
Dans l'oreille interne, les vibrations qui ont heurté le tympan sont transformées en signaux qui voyagent jusqu'au cerveau.

POUR MIEUX CAPTER LES SONS !

Si tu poses contre ton oreille un cône en carton, tu entendras mieux !
Fabrique le téléphone : la ficelle conduira les vibrations de ta voix.

Roule une feuille de papier épais pour en faire un cône et applique la pointe contre ton oreille. Demande à quelqu'un de parler avec une voix normale à faible distance de l'ouverture du cône : tu auras l'impression qu'il parle fort !

Perce un trou au fond de chaque pot de yaourt. Passe ta ficelle et fais un gros nœud à chaque extrémité. Tiens un pot contre ton oreille. Demande à un ami de s'éloigner avec l'autre pot. La ficelle est tendue. Elle ne doit toucher aucun obstacle ! Si ton ami parle dans le pot, tu l'entends comme s'il était très proche !

Il te faut deux pots de yaourt (qui ne soient pas en verre) et une longue ficelle assez fine.

ET CHEZ LES ANIMAUX ?

Certains animaux, comme l'éléphant, entendent très bien. D'autres, comme les poissons, n'ont pas d'oreilles et n'émettent pas de sons.

Les oiseaux entendent bien, même si l'on ne voit de leur oreille qu'une minuscule ouverture.

Le dauphin utilise peu ses petites oreilles. Les os de sa mâchoire inférieure captent les sons.

Les oreilles du lapin sont bien musclées : il peut les bouger.

Ce cheval écoute attentivement : il dresse ses oreilles vers l'avant.

DES ANIMAUX QUI SE SERVENT DE L'ÉCHO

La chauve-souris et l'orque envoient des sons qui reviennent
à leurs oreilles en écho. Elles captent des sons aigus
que l'homme n'entend pas.

Le couinement de
la chauve-souris
fait vibrer l'air.
La vibration heurte
un insecte et rebondit
jusqu'aux oreilles de
la chauve-souris.
Elle a alors repéré sa
proie ! C'est pourquoi
on compare ses
oreilles à un radar.

Les orques ont, elles,
une bonne vue, mais
il leur est parfois
difficile de se
déplacer dans
les eaux troubles.
Elles émettent
des sons, des "clics",
qui voyagent dans
l'eau, heurtent
les obstacles et
rebondissent vers
elles. Les orques
reconnaissent
facilement l'écho
renvoyé par les
bancs de saumons !

SON FORT OU SON FAIBLE ?

L'oreille ne supporte pas les sons trop forts. D'ailleurs, nous avons le réflexe de nous boucher les oreilles pour protéger nos tympans.

Le son très fort gêne ces enfants : ils se bouchent les oreilles !

Lorsque le son est faible, il faut tendre l'oreille pour entendre !

Le galop du cheval

Le vol du papillon

Le décollage d'un avion

Le moteur d'une voiture

Le moteur de l'aspirateur

Le bourdonnement d'une abeille

Montre ce qui produira le son le plus faible, puis voyage d'image en image jusqu'à ce qui provoquera le son le plus fort.

16

DES SONS QUI RÉSONNENT

Invite un enfant ou une grande personne à exercer ses oreilles avec toi.
Jouez dans le plus grand silence et cherchez les plus jolis sons !

Une grande personne confie à chaque joueur soit un verre, soit un couvercle. Le premier joueur fait rebondir légèrement sa cuiller ou sa fourchette sur le verre ou sur le couvercle. Le second joueur écoute... et attend que le son ne résonne plus pour frapper à son tour.

Puis compliquez le jeu, de préférence avec le couvercle ! Le premier joueur choisit son "attaque". Avec la fourchette, il donne un coup léger, moyen ou fort. Le second joueur, quand le son s'arrête, doit "attaquer" de la même façon que le premier.

TROUVE D'OÙ VIENNENT LES SONS...

Les oreilles des lapins se tournent vers l'endroit où le son se produit.
Les tiennes ne bougent pas... mais elles trouvent très vite cet endroit !

Sors de la pièce.
Pendant ce temps,
un ami cache un
réveil qui fait "tic tac"
(ou un minuteur
de cuisine).
Puis il va te chercher
et te pose
un bandeau sur
les yeux.
À toi de trouver
le réveil !
Dès que tu as réussi,
changez de rôle !

Pose un bandeau sur
tes yeux et suis un
enfant qui se déplace
en agitant
une clochette.

Si tu n'entends plus
la clochette, reste
immobile à ton tour.
Montre avec ton
doigt à quel endroit
de la pièce se
trouve l'enfant.

DES SONS GRAVES ET DES SONS AIGUS

Imite le rugissement d'un lion : tu produis un son grave.
Imite le miaulement d'un chaton : tu produis un son aigu.

Remplis des bouteilles de verre à des hauteurs différentes. Puis frappe-les avec des cuillers. La bouteille presque vide a le son le plus aigu.
La bouteille presque pleine a le son le plus grave.
Mélange les bouteilles. Les yeux bandés, range-les dans l'ordre, depuis celle qui produit le son le plus aigu jusqu'à celle qui produit le son le plus grave.

Remplis des verres avec de l'eau à des hauteurs différentes. Trempe l'index dans chaque verre, puis effleure lentement le bord, sans appuyer. Quel verre donne le son le plus aigu ? Quel verre émet le son le plus grave ?

Réponse : le verre qui contient le moins d'eau produit le son le plus aigu.

19

IMITATIONS : LE GALOP DU CHEVAL ET UN BRUIT DE MOTEUR

Quand tes oreilles ont bien enregistré les sons, tu peux chercher à les reproduire. Voici deux exemples tout simples !

Tambourine sur une table : tape tes doigts très rapidement. Commence par l'auriculaire, continue par l'annulaire, le majeur, puis l'index et recommence. Quand le cheval est au loin, tape légèrement. Augmente la force du tapotement quand il se rapproche, puis diminue-la quand il s'éloigne.

Pour imiter le bruit d'un moteur, retourne ton vélo pour qu'il ait les roues en l'air (il te faut absolument l'aide d'un grand). Fixe l'extrémité d'un petit carton sur la fourche avec du ruban adhésif. L'autre extrémité doit passer entre deux rayons. Fais tourner la roue très vite et laisse-la s'arrêter toute seule, sans mettre les doigts.

D'OÙ VIENT LE SON DE NOTRE VOIX ?

Ta voix n'appartient qu'à toi. Elle ne ressemble pas à celle d'un autre.
Essaie d'imiter la voix de quelqu'un que tu connais : est-ce facile ?

Quand tu ne parles pas,
le larynx est ouvert.

Quand tu parles,
les cordes vocales
se rapprochent.

La voix prend naissance dans un entonnoir : le larynx. Deux muscles s'y cachent : ce sont les cordes vocales. Quand tu ne parles pas, le larynx est ouvert. Quand tu parles, les cordes vocales se rapprochent. Lorsque tu parles, tes poumons chassent l'air vers le larynx. L'air presse les cordes vocales et les fait vibrer : le son qui voyage vers ta bouche et tes lèvres, c'est le son de ta voix.

Le larynx se trouve dans ta gorge. Pose ta main sur la gorge pendant que tu chantes "Mmmm....." avec une voix grave. Tu sens un tremblement dans ta gorge : ce sont les vibrations des cordes vocales.

21

TOUS LES ANIMAUX N'ONT PAS DE CORDES VOCALES !

Certains oiseaux chantent pour marquer leur territoire ou pour attirer leur femelle. Les animaux sans voix ont d'autres tours dans leur sac.

Voici le crabe violoniste :
son archet, c'est sa grande pince,
son violon, c'est sa carapace.

Le cri de la rainette verte s'entend à un kilomètre grâce à son sac vocal qui se gonfle et se dégonfle.

Le criquet n'a pas de cordes vocales : il frotte ses pattes arrière contre ses ailes.

Quand le serpent à sonnette agite les cônes creux de l'extrémité de sa queue, on l'entend à 30 mètres !

LA VOIX ET LE SOUFFLE

Sans air, pas de sons. Sans air, pas de voix, ni de rires, ni de cris, ni de pleurs. Imagine une cour de récréation absolument silencieuse !

Quand tu souffles, l'air que tu envoies éteint la bougie.

Pour sentir un parfum, tu inspires. Ton nez se remplit d'air.

Souffle en prononçant le son "ou". Pas de problème !
Et maintenant, inspire en prononçant "ou". Si c'est difficile, c'est que le son "ou" n'a pas assez d'air pour voyager.
Essaie avec des phrases de plus en plus longues. Tu comprendras que tu parles sur ton souffle, et non sur ton inspiration.

LA GYMNASTIQUE DU VISAGE

Quand tu parles, tes cordes vocales ne sont pas les seules à travailler. Ta langue, tes lèvres, tes mâchoires sont utiles pour articuler les mots.

Regarde-toi dans un miroir pendant que tu récites très fort : "Mimi la souris mange du riz sur le tapis." Observe le mouvement de tes mâchoires et de tes lèvres. Répète en fermant les yeux et en étant attentif aux mouvements de ta langue.

Voici le jeu de la grenouille qui fait "croâ". Quand tu dis "cro", ta bouche s'arrondit. Pour dire "â", laisse brutalement tomber ta mâchoire du bas ! Recommence en posant tes mains là où les deux mâchoires s'articulent.

JOUE AVEC TA VOIX !

Quand tu joues avec ta voix, tes oreilles travaillent. Avec les activités proposées ci-dessous, tu exerceras les deux à la fois !

Bouche tes oreilles et dis "bonjour". Reconnais-tu ta voix ?

Tout en tenant le son "ou", tapote tes lèvres comme un Indien.

Chante *Au clair de la lune* dans un verre : ta voix résonne. Essaie avec une voix très grave !

Fais semblant de mâcher du chewing-gum en chantonnant "mm..." Tu mâches du son !

25

LE TIMBRE DE LA VOIX

De même que tu gardes dans ta mémoire les sons du vent, de la pluie, du téléphone... tu as aussi enregistré beaucoup de voix !

Si quelqu'un que tu connais bien te téléphone, tu reconnais sa voix avant qu'il ait dit son nom. En fait, tu reconnais le "timbre" de sa voix.

Joue à reconnaître les voix de tes amis ou des personnes de ta famille. Quelqu'un te bande les yeux. Tes amis changent de place. Un joueur lance une balle à un autre. Celui qui reçoit la balle te dit "bonjour" et ajoute ton prénom.
Si tu ne sais pas l'identifier ou si tu te trompes, tu donnes ton bandeau à cet ami.
C'est à son tour de jouer.

LA HAUTEUR DE LA VOIX

Une voix d'enfant est plutôt aiguë, une voix de grand-père est plutôt grave. Mais chacun peut faire voyager sa voix de l'aigu au grave.

Si tu imites la sirène des pompiers, tu chantes "Pin" sur un ton plus grave que "Pon". Si tu imites l'alarme qui annonce un incendie, ta voix grimpe du grave à l'aigu et descend de l'aigu au grave, sans s'arrêter.

Prends le temps d'imaginer et d'entendre dans ta tête quelle pourrait être la voix de ces personnages. Qui, d'après toi, a la voix la plus grave ? Qui a la voix la plus aiguë ?

DES CHANTS POUR LES ENFANTS

Les mamans endorment leur bébé en chantant des berceuses.
Les enfants plus grands comptent, jouent, dansent... en chantant !

Berceuse :

Fais dodo, Colas, mon petit frère,
Fais dodo, t'auras du lolo.
Maman est en haut
Qui fait du gâteau,
Papa est en bas
Qui fait du chocolat.
Fais dodo, Colas, mon petit frère,
Fais dodo, t'auras du lolo.

Ronde :
Dansons la capucine
Y'a pas de pain chez nous
Y'en a chez la voisine
Mais ce n'est pas pour nous.
You !

Réaliser des jeux d'adresse, apprendre à compter, c'est plus facile avec des chansons ! Entraîne-toi avec ces deux comptines.

Lance une balle contre un mur et rattrape-la de la façon indiquée :

Partie simple ● Sans bouger ● Sans parler (*mets un doigt devant la bouche avant de rattraper la balle*) ● Sans rire ● D'un pied (*reste debout sur un seul pied*) ● De l'autre ● D'une main (*lance la balle d'une seule main*) ● De l'autre ● Petite tapette (*frappe des mains devant toi avant de rattraper la balle*) ● Grande tapette (*frappe des mains devant et derrière toi avant de rattraper la balle*) ● Petit rouleau (*tourne les mains l'une autour de l'autre devant toi*) ● Grand rouleau (*pivote sur toi-même avant de rattraper la balle*)

Pour compter :

*1.2.3 nous irons au bois
4.5.6 cueillir des cerises
7.8.9 dans un panier neuf
10.11.12 elles seront toutes
rouges !*

À L'OPÉRA

Un opéra, c'est du théâtre musical. Les chanteurs récitent ou chantent. Les musiciens et leur chef sont installés dans la fosse d'orchestre.

Bien avant le jour du spectacle :

Un écrivain a imaginé l'histoire.

Un compositeur a mis l'histoire en musique.

Des décorateurs ont dessiné et fait construire le décor.

Un costumier a préparé un costume pour chaque chanteur.

Un metteur en scène a indiqué aux chanteurs leurs déplacements sur la scène.

Les chanteurs qui chantent seuls s'appellent les solistes. Ils ont appris les mélodies.

Les chanteurs qui chantent ensemble forment les chœurs. Ils ont répété leur partie.

Le chef d'orchestre a travaillé la partition avec les musiciens, puis avec les chanteurs et les musiciens ensemble.

Et le jour du spectacle arrive !

30

L'OPÉRA CHINOIS

En Chine, les chanteurs d'opéra sont aussi danseurs, acrobates, mimes.
Avant chaque spectacle, ils ont besoin d'une heure pour se maquiller.

Les magnifiques costumes des acteurs sont en soie. L'acteur le plus gros a le visage très maquillé : on croirait qu'il porte un masque. La couleur rouge indique qu'il est très courageux.

Cet excellent acrobate joue le personnage d'un guerrier. Il sait manier les épées et les lances. C'est bien sûr un excellent chanteur. Il a appris les trois cents façons de tousser ou de rire.

DES JEUX MUSICAUX POUR FAIRE LA FÊTE

Prévois un petit cadeau (dessin, gâteau...) pour l'enfant qui aura gagné au jeu des chaises musicales ou des chapeaux musicaux.

Il faut une chaise de moins que le nombre de joueurs.
Tant qu'ils entendent la musique, tous les enfants dansent. Quand elle s'arrête, chacun doit s'asseoir sur une chaise. Celui qui n'a pas de chaise est éliminé. Retirez une chaise et continuez le jeu jusqu'à ce qu'il ne reste qu'une chaise et deux joueurs.
Le premier des deux qui s'assoit a gagné.

Vous pouvez aussi jouer avec des chapeaux : quand la musique s'arrête, chacun tente d'attraper un chapeau dans une pile disposée au milieu de la pièce. Pensez à retirer un chapeau à chaque tour !

Cette fois, prévois un gage pour l'étourdi qui n'a pas écouté la chanson du fil de laine... ou pour celui qui a laissé tomber le ballon chantant !

Les enfants sont assis en rond. Le premier fait glisser ses doigts le long d'un fil de laine tout en chantant *Au clair de la lune*. Quand ses doigts sont au bout du fil, il stoppe net son chant... et passe le fil de laine au voisin. Celui-ci reprend le chant là où le premier s'est arrêté et continue...

Les enfants sont deux par deux. Le premier fait rebondir le ballon dans ses mains en disant d'une voix aiguë : "ti ti ti" Après le troisième "ti", il lance le ballon à son partenaire, qui le reçoit en chantant un long "taaaa..." d'une voix grave. Puis les rôles sont inversés !

LE CLOU DE LA FÊTE : UN TOUR DE MAGIE

Avant de recevoir tes invités, exerce-toi ! Quand tu connaîtras la solution du tour de magie, garde le secret le plus longtemps possible.

Il te faut trois bocaux de confiture avec leurs couvercles, un pot de yaourt vide, une cuiller, une carafe d'eau, une petite pomme ou une petite tomate...

Dans chaque bocal, verse l'eau contenue dans un pot de yaourt plein à ras bord. Demande à un spectateur de te mettre un bandeau sur les yeux. Puis il posera le fruit dans un bocal qu'il refermera.

Tu frappes chaque bocal avec une cuiller en récitant une formule magique : abracadabra ! Et tu indiques quel bocal contient la pomme. Tu sais que, dans ce bocal, le niveau d'eau a monté. Le son est donc... plus grave !

LIRE
LA MUSIQUE

ÉCRIRE LA MUSIQUE ?

Autrefois, la musique ne s'écrivait pas. Les musiciens se transmettaient les airs et les rythmes qu'ils connaissaient.

Les compositeurs sont des musiciens qui inventent des musiques.

Ils notent des signes pour que les joueurs d'instrument retrouvent la hauteur des sons, leur durée... même s'ils n'ont jamais entendu l'air qui est écrit.

Au fil du temps, les musiciens inventent de nouveaux signes pour mieux se faire comprendre.

Les feuilles, les cahiers où sont écrits les signes musicaux s'appellent des partitions.

Compare la partition de cette page et celle de la suivante.

La partition de gauche a été composée il y a 700 ans : les formes carrées dessinées sur quatre lignes sont des notes. Elles indiquent la hauteur des sons.

Dans les pages qui suivent, tu découvriras la pulsation, les rythmes, les notes, les clés... Tu apprendras à les reconnaître sur une partition.

LA PETITE RIVIÈRE

Un musicien russe, Tchaïkovski, a écrit cette partition il y a cent ans.
Il a utilisé des signes qui n'existaient pas à l'époque des partitions de la page précédente.
Les notes sont arrondies :
Certaines notes sont reliées par un trait :

Certaines notes sont séparées par des barres :

Voici des clés :  Voici un silence :

37

LA PULSATION

La pulsation, c'est un battement régulier comme celui du cœur ou comme celui des artères, ces vaisseaux qui transportent le sang.

Le cœur envoie le sang dans les artères.
Si tu poses les doigts sur ton poignet, tu sens de petits battements dans les artères quand le sang passe.
Prendre son pouls, c'est compter ces battements, que l'on appelle les pulsations.

Déplace régulièrement ton doigt de gauche à droite.
Prononce "toc" à chaque fois que ton doigt se pose sur un cœur.

Ton doigt prend appui sur le cœur, puis il rebondit.
La pulsation, c'est là où la musique s'appuie pour rebondir.

JOUE AVEC LES PULSATIONS

Tes gestes, s'ils sont réguliers, sont bercés par la pulsation. Sois attentif quand tu te déplaces en marchant, en courant, en sautant...

Quand tu marches, ton cœur bat lentement. Observe l'espace entre deux pulsations.

Quand tu cours, ton cœur bat vite. Les pulsations sont plus rapprochées que lorsque tu marches.

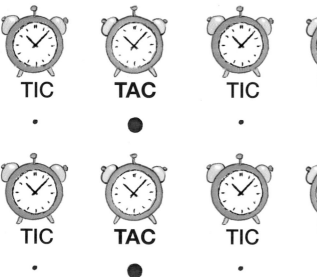

TIC	TAC	TIC	TAC
.	●	.	●

TIC	TAC	TIC	TAC
.	●	.	●

Écoute le tic-tac du réveil. Promène ton doigt très régulièrement, toujours de gauche à droite.
Quand le réveil dit "TIC", pose ton doigt légèrement.
Quand le réveil dit "TAC", appuie plus fort.

LE RYTHME

Dans l'espace entre deux battements du cœur, entre un "tic" et un "tac", tu peux placer d'autres sons : tu inventes alors des rythmes.

Rythme : frappé de mains

Pulsation : voix ou tambourin

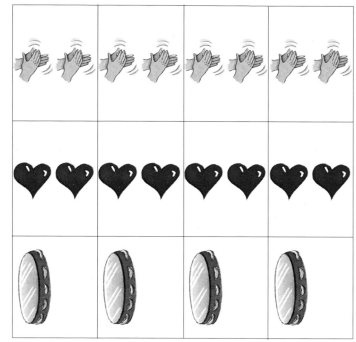

La durée qui sépare deux battements du cœur s'appelle un temps.
Chaque battement, chaque pulsation, marquent le début d'un temps.

Demande à un adulte de marquer la pulsation avec sa voix ou avec un tambourin.
Pendant ce temps, frappe le rythme dans tes mains en suivant les images.

Frappe des mains à chaque fois que la danseuse sautille.

L'adulte frappe dans un tambourin à chaque saut du clown.

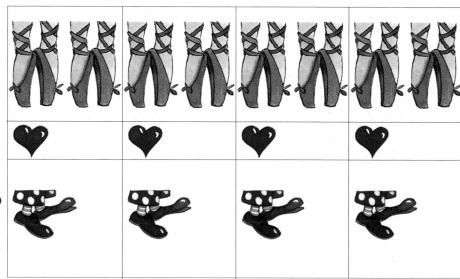

UNE POULE SUR UN MUR

Pendant qu'un adulte lit le texte tout en le suivant du doigt, frappe la pulsation dans tes mains, puis frappe le rythme au tambourin.

Le frappé des mains marque la pulsation :

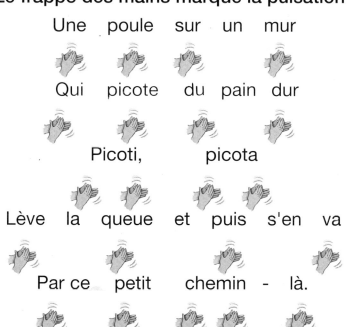

Une   poule   sur   un   mur

Qui   picote   du   pain   dur

Picoti,   picota

Lève   la   queue   et   puis   s'en   va

Par ce   petit   chemin - là.

Le tambourin marque le rythme :

Une   poule   sur   un   mur

Qui   pi - co - te   du   pain   dur

Pi - co - ti,   Pi - co - ta

Lève   la   queue   et   puis   s'en   va

Par   ce   petit   chemin-là.

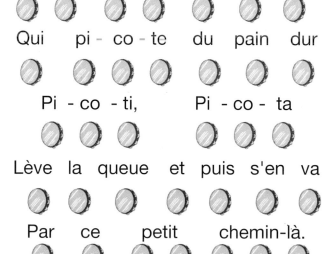

41

LES NOTES DE MUSIQUE

Ce sont des signes qui indiquent la hauteur et la durée d'un son.
Ces signes sont composés d'une tête et parfois d'une queue !
Dans la famille des notes de musique, tu trouveras des rondes,
des blanches, des noires, des croches.
Quand tu découvres une note, pose-toi quatre questions :

Quelle est la forme de sa tête ?

RONDE   ou   OVALE ?

Quelle est sa couleur ?

NOIRE   ou   BLANCHE ?

A-t-elle une queue ?

Y-a-t-il un crochet à sa queue ?

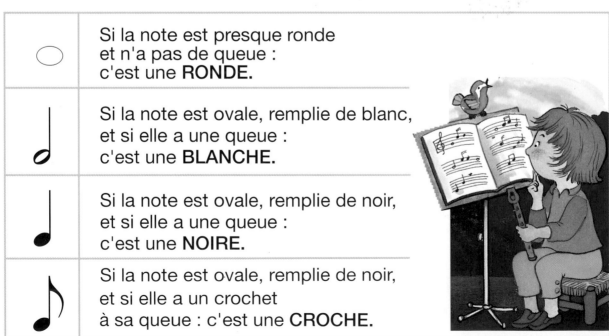

Si la note est presque ronde
et n'a pas de queue :
c'est une **RONDE**.

Si la note est ovale, remplie de blanc,
et si elle a une queue :
c'est une **BLANCHE**.

Si la note est ovale, remplie de noir,
et si elle a une queue :
c'est une **NOIRE**.

Si la note est ovale, remplie de noir,
et si elle a un crochet
à sa queue : c'est une **CROCHE**.

LA DURÉE DES NOTES

Chaque figure de note, ronde, blanche, noire et croche, correspond à une durée. La ronde prend tout son temps. La croche est pressée !

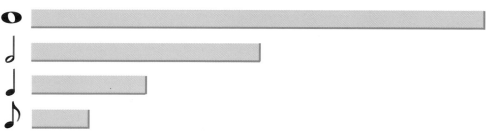

Fais glisser ton doigt sur chaque trait en tenant un son : "ooo..."
Tu peux aussi découper des fils de laine et glisser ton doigt dessus.
Commence à glisser ton doigt sur les traits quand une grande personne te donne le signal en frappant dans ses mains.

On dit que le son de la noire dure 1 temps.

On dit que le son de la blanche dure 2 temps.

On dit que le son de la ronde dure 4 temps.

Et la croche ? Le son de la croche ne résonne que sur la moitié d'un temps.
Sur l'autre moitié : chut ! Fais silence !

 chut !

QUI PEUT REMPLACER MADAME RONDE ?

Madame Ronde n'en finit pas de résonner. Pour la remplacer, croches, noires ou blanches se relaient dès qu'elles sont à bout de souffle.

Pendant que Madame Ronde résonne, tu peux compter quatre temps :

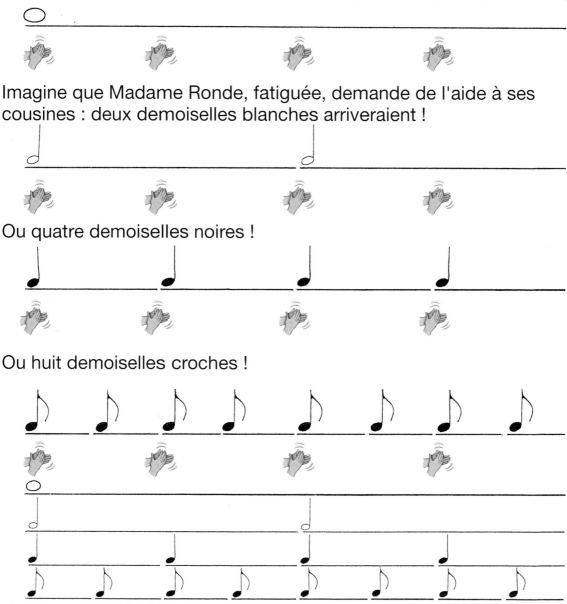

Imagine que Madame Ronde, fatiguée, demande de l'aide à ses cousines : deux demoiselles blanches arriveraient !

Ou quatre demoiselles noires !

Ou huit demoiselles croches !

Compare leur durée :
une ronde = deux blanches = quatre noires = huit croches.

TOC TOC TOC !

Le rythme de la comptine est écrit avec des croches et des noires.
Suis la partition avec ton doigt tout en récitant la comptine.

Toc   Toc   Toc !

Qui   frappe à   la   porte ?

Toc   Toc   Toc !

Mon   a –   mie   Char–   lotte

Toc   Toc   Toc !

A–   vec   des   brio–   ches

Et   des   billes

Plein   les   poches !

QUI SE CACHE SOUS CE RYTHME ?

Avec des noires et des blanches, on peut écrire un rythme. Frappe le rythme noté ci-dessous : c'est celui d'une comptine que tu connais !

U- ne sou- ris ver- te

qui cou- rait dans l'her- be

je l'at- tra- pe par la queue

je la montr' à ces mes- sieurs

Ces mes- sieurs me di- sent

trem-pez la dans l'huile

trem-pez la dans l'eau

ça fe- ra un es- car- got

tout chaud

LA PORTÉE

La portée... porte tous les signes utilisés dans l'écriture de la musique.
La portée a cinq lignes, comme ta main a cinq doigts.

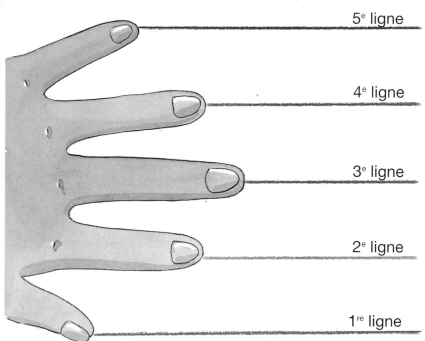

5ᵉ ligne

4ᵉ ligne

3ᵉ ligne

2ᵉ ligne

1ʳᵉ ligne

Dessine le contour de ta main, le pouce étant en bas et l'auriculaire en haut. Trace une ligne au bout de chaque doigt.
La première ligne de la portée est en bas, au bout de ton pouce.

Repose ta main de l'autre côté de la portée que tu as tracée.
Promène ton doigt dans l'espace compris entre deux lignes : dans l'interligne.
Le premier interligne est en bas, entre ton pouce et ton index.

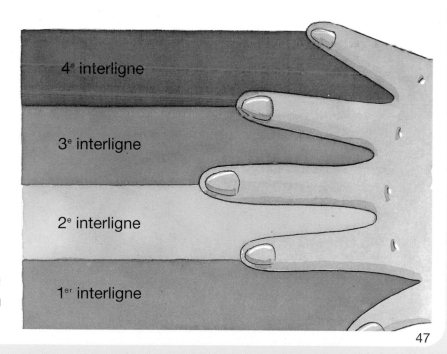

4ᵉ interligne

3ᵉ interligne

2ᵉ interligne

1ᵉʳ interligne

DES NOTES CHERCHENT LEUR PORTÉE

Les notes n'acceptent pas de se poser n'importe où. Explique pourquoi certaines lignes ne leur plaisent pas. Cherche une portée à leur goût.

(Les lignes sont verticales, et non horizontales : les notes vont tomber !)

(Six lignes : as-tu six doigts à ta main ?)

(Des vagues ! Les notes vont attraper le mal de mer.)

(Cinq lignes horizontales, tous les interlignes ont le même écart. C'est le rêve !)

(Certaines notes vont se coincer dans les interlignes étroits. Les autres vont flotter. Les interlignes doivent être de même hauteur.)

48

LA CHANSON DE LA PUCE

Les notes portent des noms : do, ré, mi, fa, sol, la, si, do.
Tu les découvriras dans cette chanson, ainsi qu'en grimpant l'escalier.

DO RÉ MI FA SOL LA SI DO
Gratte-moi la puce que j'ai dans l'dos.
Si tu l'avais grattée plus tôt
elle ne s'rait pas montée si haut !

Ces notes aux jolis noms aimeraient s'installer sur une portée.
Mais, pour cela, elles doivent trouver... une clé !

LES CLÉS

Chaque maison a sa clé. Chaque portée a la sienne. La clé donne son nom aux notes qui se trouvent sur sa ligne de départ.

Pour dessiner la clé de sol, on commence sur la deuxième ligne. Toutes les notes écrites sur la deuxième ligne s'appelleront "sol".

· Pour dessiner la clé de fa, on commence sur la quatrième ligne. Toutes les notes écrites sur la quatrième ligne s'appelleront "fa".

DES ESCALIERS ET DES PORTÉES !

Les notes montent et descendent la portée... comme tu pourrais monter et descendre un escalier dont chaque marche aurait un nom.

Si une marche n'a pas de nom, cherche-le en regardant la marche qui se trouve au-dessous, puis celle qui se trouve au-dessus.

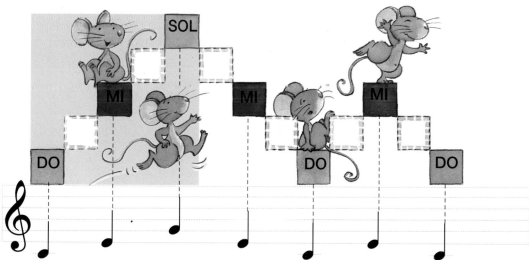

Monte une marche et cherche sur la portée quelle note lui correspond. Puis cache les escaliers pour lire les notes !

DES NOTES SUR UNE PORTÉE

Invitons la clé de sol à ouvrir notre portée. À partir de la ligne du sol, tu vas trouver le nom des autres notes.

Repère la ligne de la note "sol" dessinée en rouge.
Descend dans l'interligne juste au-dessous : voici le "fa".
Descends sur la ligne juste au-dessous : voici le "mi".
Continue à descendre : une ligne, un interligne...
Et s'il manque des lignes, on ajoute des mini-lignes juste assez grandes pour y écrire une note !

La note qui se trouve juste au-dessus de la portée correspond à la lame du carillon la plus courte : elle a le son le plus aigu.

Repère la ligne de la note "sol" rouge et pose ton doigt dessus.
Monte dans l'interligne juste au-dessus : voilà le "la".
Monte sur la ligne juste au-dessus : voilà le "si".
Continue à monter : une ligne, un interligne...

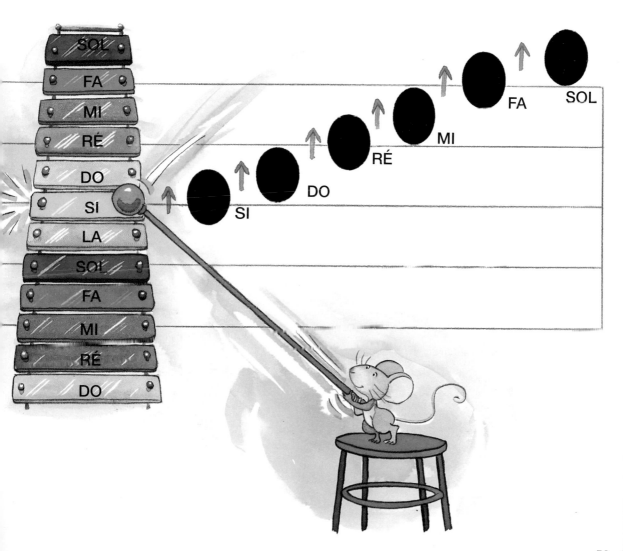

AH, VOUS DIRAI-JE, MAMAN ?

Cette mélodie, c'est Mozart qui l'a écrite il y a très longtemps.
Les enfants la fredonnent encore. La connais-tu ?

Maintenant, lis les notes sur la portée. Tu peux aussi chanter en disant le nom des notes. Attention, il en manque. Devine lesquelles !

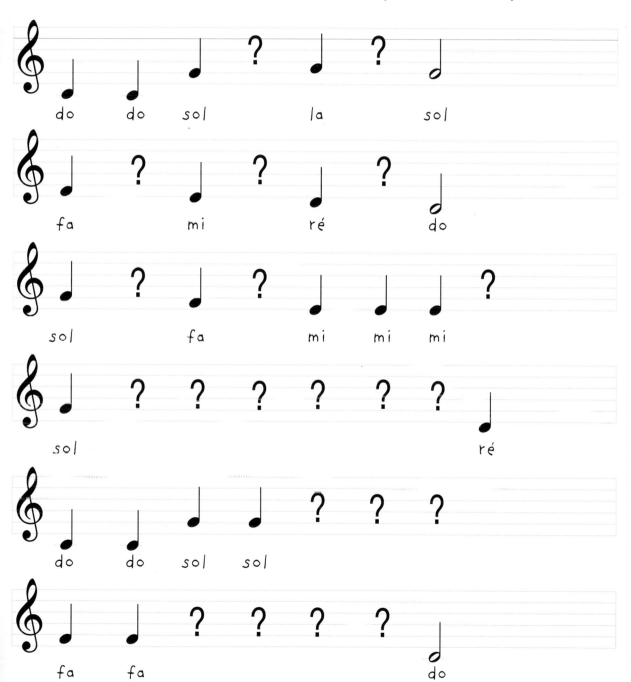

LE DO FRONTIÈRE

Voici le milieu d'un clavier de piano. Relie chaque touche à une note de la portée. Que se passe-t-il ?

Le DO FRONTIÈRE appartient à la fois au pays de la clé de sol et à celui de la clé de fa.

Plus la main descend vers la gauche, plus le son devient grave comme un grondement de tonnerre. À gauche du do frontière, c'est la clé de fa.

DO   RÉ   MI   FA   SOL   LA   SI   DO frontière

Le son du do frontière s'écrit soit en clé de sol, soit en clé de fa.
C'est la touche où les deux mains du pianiste se rencontrent.

Plus la main monte vers la droite,
plus le son devient aigu, comme
un miaulement de chaton.
À droite du do frontière, c'est
le pays de la clé de sol.

MI FA SOL LA SI DO RÉ MI

SILENCE !

Sur sa partition, le musicien lit les notes et les silences. Des signes lui indiquent combien de temps il doit rester sans jouer.

Pause : le silence se prolonge sur quatre temps.
Prends ton souffle et dis "chut" pendant qu'un grand frappe quatre fois dans ses mains.

Demi-pause : le silence se prolonge sur deux temps. Prends ton souffle et dis "chut" pendant qu'un grand frappe deux fois dans ses mains.

Soupir : le silence se prolonge sur un temps.
Prends ton souffle et dis "chut" pendant qu'un grand frappe une fois dans ses mains.

Demi-soupir : le silence se prolonge sur la moitié d'un temps.
Ton "chut" sera bref et l'adulte fera un claquement de main très sec, comme un coup de cymbales.

DES PRÉNOMS DANS LA TÊTE

Prononce ces prénoms à voix haute en marquant la pulsation dans tes mains ou avec un tambourin. Puis redis-les dans ta tête.

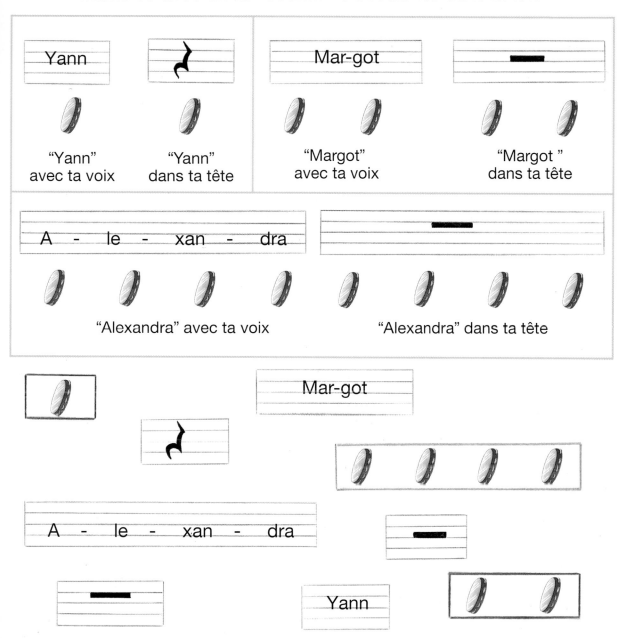

Avec ton doigt, relie chaque prénom à sa famille de tambourin, puis au signe qui le remplace si tu le dis dans ta tête.

DES SILENCES SUR LA PORTÉE

Monte et descends les escaliers en disant le nom des notes,
ou en faisant "chut" si aucun son n'habite une marche !

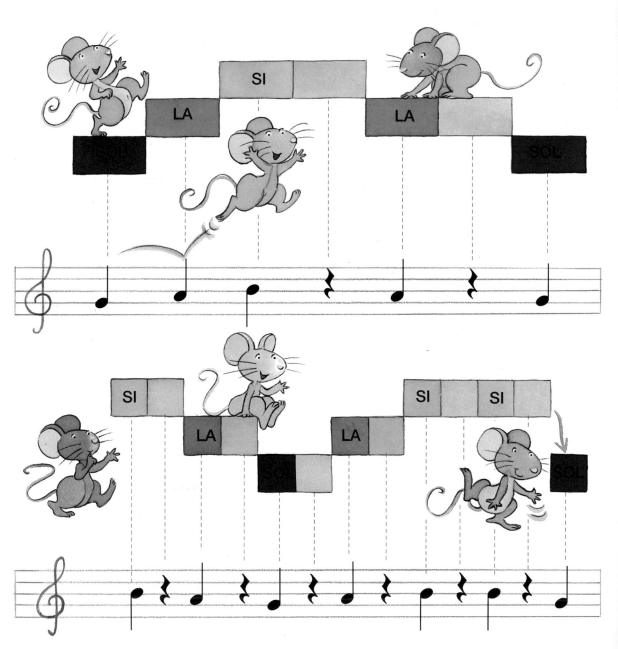

DES MUSIQUES MISES EN BOÎTE

Pour écouter l'air d'une boîte à musique ou d'un orgue de Barbarie, il suffit de remonter un ressort ou de tourner une manivelle.

Pointe du cylindre

Cylindre

Dent du peigne

Quand on a remonté le ressort à l'aide de la clé, le cylindre se met à tourner.
Le peigne a autant de dents que la musique de notes. Quand une dent passe sur une pointe, elle se soulève puis retombe en donnant le son d'une note.

Quand le joueur d'orgue de Barbarie tourne une manivelle, il fait défiler une bande de carton pleine de trous.
L'air passe à travers les trous du carton et voyage dans les tuyaux, où il produit des sons.

PHONOGRAPHE, GRAMOPHONE ET TOURNE-DISQUE

Il y a un peu plus de cent ans, des inventeurs ont réussi à graver les vibrations des sons sur des rouleaux, puis sur des disques plats.

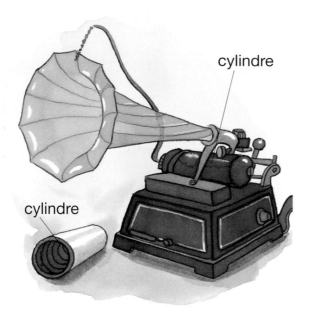

cylindre

cylindre

L'aiguille vibre dans les creux gravés sur le cylindre du phonographe.

Sur le gramophone, on pose de grands disques qui tournent 78 fois en une minute.

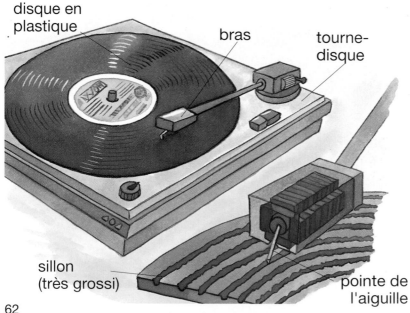

disque en plastique

bras

tourne-disque

sillon (très grossi)

pointe de l'aiguille

Quand on pose le bras du tourne-disque... sur le disque, celui-ci se met à tourner. Le sillon est plus ou moins creusé selon les endroits. Quand l'aiguille frotte le fond du sillon, elle vibre. Les vibrations atteignent un aimant, puis les bobinages qui les transforment en signaux électriques.

FABRIQUER UN DISQUE COMPACT

En studio, la musique est enregistrée sur la bande magnétique d'une cassette. Puis la cassette part vers l'usine où l'on fabrique les disques.

Au studio :

Le micro capte les vibrations de la voix, des instruments... et les transforme en signaux électriques.

Les signaux arrivent sur une bande magnétique : ils attirent de minuscules particules.

A l'usine :

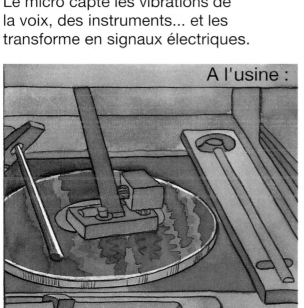

Un rayon laser lit les informations sur la bande et les envoie sur un grand disque de verre.

Le disque de verre est plongé dans un produit qui ronge les parties que le laser a touchées.

Un disque compact, c'est presque inusable... à condition de ne pas abîmer le vernis qui protège toutes les informations.

Les creux et les bosses sont reproduits sur des milliers de petits disques transparents.

Chaque disque passe dans un bain d'aluminium : il devient tout gris.

Une couche de vernis recouvre la surface du disque et comble les creux.

Il reste à poser l'étiquette qui indique le nom des musiciens...

et à mettre en boîte ! Les disques sont distribués dans les magasins, puis vendus.

Le rayon laser, à travers le vernis, détecte les creux et les bosses, et recompose les sons.

LES INSTRUMENTS
DE MUSIQUE

MUSIQUE DES CHAMPS

Cueille un brin d'herbe bien vert. Suis les indications : tu sentiras les vibrations sur tes lèvres et ton souffle deviendra musique !

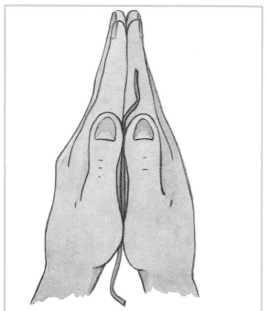

Coince le brin d'herbe entre tes deux pouces. Garde les autres doigts tendus mais laisse une petite maison pleine d'air derrière le brin d'herbe. Souffle bien fort !

Change la position de tes mains, joue avec la force de ton souffle pour obtenir soit un chant très doux, soit le bruit d'une sirène d'alarme.

PETITE ÉCHELLE À FRAPPER

Tu pourras enfiler bâtons et rondelles de bouchon. Pour tout le reste, demande de l'aide à un adulte qui possède une scie et une perceuse.

Il te faut : 5 bâtons, 2 bouchons de liège, de la ficelle.

L'adulte scie les bâtons pour qu'ils soient de longueurs différentes.

Avec une perceuse, l'adulte fait un trou à chaque extrémité des bâtons.

Coupe huit rondelles de bouchon. Perce chaque rondelle à l'aide d'un clou.

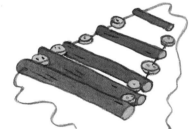

Passe la ficelle dans l'extrémité d'un bâton, puis dans une rondelle...

Arrivé au plus petit bâton, passe la ficelle de l'autre côté, redescends et noue !

Pour faire chanter ta petite échelle, tiens-la d'une main. De l'autre, frappe chaque barreau avec un sixième bâton ou avec une cuiller de métal.

SPATULE MUSICALE

Récupère une douzaine de capsules de bouteille. Demande à un adulte une spatule en bois épaisse, trois longs clous... et de l'aide !

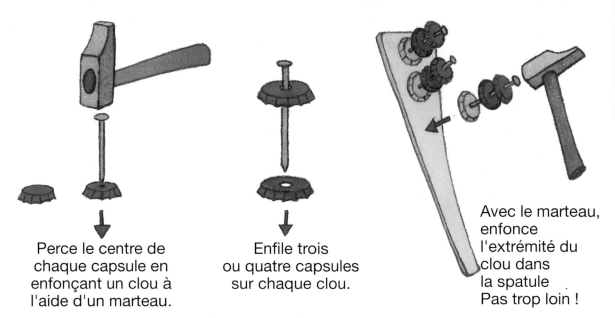

Perce le centre de chaque capsule en enfonçant un clou à l'aide d'un marteau.

Enfile trois ou quatre capsules sur chaque clou.

Avec le marteau, enfonce l'extrémité du clou dans la spatule Pas trop loin !

Agite ta spatule musicale pour que les capsules s'entrechoquent. Tu peux frapper le dos de la spatule avec celle que tu tiens dans l'autre main.

DES BALLONS FARCEURS

Invite tes amis à transformer des ballons de baudruche en instruments de musique : il suffit d'avoir quelques lentilles... et du souffle !

Pose un entonnoir dans l'embouchure et verse les lentilles.

Enlève l'entonnoir et gonfle le ballon.

Noue l'extrémité ; les lentilles sont prisonnières.

Lance ton ballon en l'air ou fais-le tournoyer en tenant le nœud : à chaque mouvement correspond une musique différente.

UNE MARACA DE PAPIER

Tu pourras marquer le rythme d'un chant ou d'une danse en secouant ta maraca. Suis bien les différentes étapes de sa fabrication.

Un ballon de baudruche gonflé

Du papier journal déchiré en bandes de 3 cm de large

De la colle à papier de tapisserie

Une petite bouteille en plastique de yaourt à boire vide

Trempe chaque bande dans la colle avant de l'enrouler sur le ballon.

Recouvre le ballon de deux couches de papier, laisse-le sécher un ou deux jours. Recommence ce travail trois fois.

Avec des ciseaux, perce le ballon : il va éclater, mais l'enveloppe de papier ne bougera pas.

Verse des grains de riz, des lentilles ou du sable.

Retourne le ballon. Passe la petite bouteille de yaourt à boire dans l'ouverture.

Recouvre la bouteille et le haut de la maraca avec plusieurs couches de papier encollé.

Quand tout est sec, recouvre la maraca de peinture, puis décore-la et vernis-la.

UN BÂTON DE PLUIE

Lorsque la pluie se faisait attendre, les Indiens l'appelaient avec ce bâton : quand on le retourne, les grains descendent en cascade...

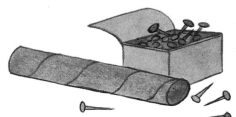 

Matériel : un cylindre en carton dur, des pointes à tête plate (80 pour un tube de 30 cm),

un demi-verre de grains de riz, un marteau,

de la feutrine, des paillettes... **et l'aide d'une grande personne.**

Un adulte enfonce les pointes tout autour du cylindre sur toute la longueur.

Ferme une extrémité du tube avec une rondelle de feutrine. Colle avec soin.

Verse les grains de riz. Ferme le tube avec une autre rondelle de feutrine.

Colle une bande de feutrine autour du tube.

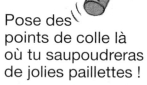

Pose des points de colle là où tu saupoudreras de jolies paillettes !

UN KALÉIDOSCOPE SONORE

Pendant que tes yeux regarderont les couleurs du kaléidoscope, tes oreilles écouteront la musique du hochet qui se cache derrière.

Il te faut :

Un fond de boîte à fromage en bois, un bouchon de liège, de la colle, un marteau, un clou, des ciseaux,

des lentilles, un tube de carton léger où tu découperas un cylindre haut de 4 cm, un tube de carton fort,

des allumettes, du papier coloré, du papier de soie, des paillettes, une brochette.

Mouille le fond de la boîte à fromage puis découpe six ailes... sans aller au centre.

Laisse sécher en posant des morceaux d'allumette (tu enlèves le bout rouge) pour séparer les ailes.

Verse les lentilles dans le cylindre que tu refermes avec du papier de soie.

Un adulte perce le tube épais avec un marteau et un clou. Recouvre-le d'un beau papier coloré.

La brochette passe dans une rondelle de bouchon, puis dans le cylindre, le tube, une autre rondelle et les ailes.

Déplace les éléments jusqu'à ce que ta brochette tourne parfaitement !

DES DISQUES À GRATTER

Pour devenir joueur de disques à gratter, il faut confectionner deux disques ! Il ne restera plus qu'à les frotter l'un contre l'autre.

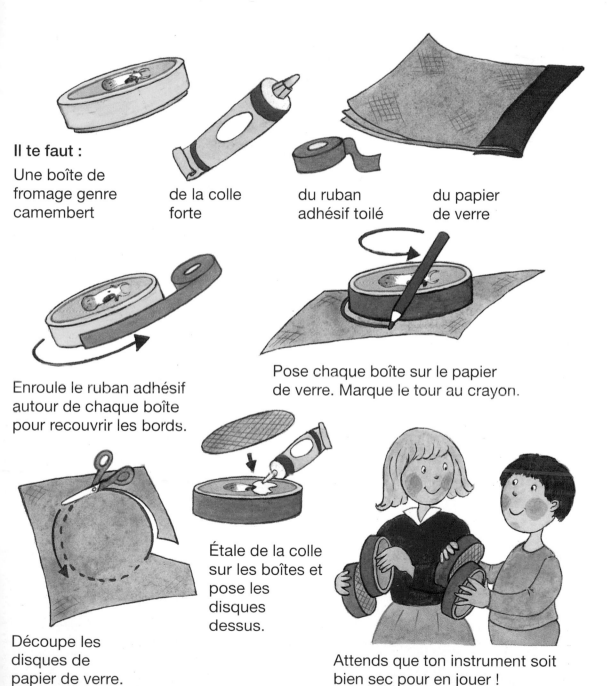

Il te faut :

Une boîte de fromage genre camembert

de la colle forte

du ruban adhésif toilé

du papier de verre

Enroule le ruban adhésif autour de chaque boîte pour recouvrir les bords.

Pose chaque boîte sur le papier de verre. Marque le tour au crayon.

Découpe les disques de papier de verre.

Étale de la colle sur les boîtes et pose les disques dessus.

Attends que ton instrument soit bien sec pour en jouer !

UN TRIANGLE À FRAPPER

Si tu touches un des clous quand tu frappes le triangle, le son s'étouffe.
Alors attache un élastique tout en haut pour le tenir !

Il te faut :

- 4 très grands clous,
- 4 élastiques,
- un bouchon de liège.

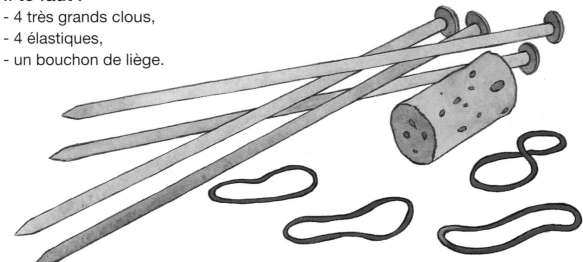

Demande à une grande personne de t'aider à attacher trois clous
avec les élastiques. Le clou placé en bas ne touche pas les deux autres.
Le quatrième clou servira à frapper. Après avoir joué, enfonce
une rondelle de bouchon dans les pointes pour ne pas te blesser.

AU TEMPS DES CHEVALIERS : LE CORNET ET LA TROMPE

Tu peux décorer les instruments aux couleurs de leur chevalier.
Souffle dans l'embouchure pour donner le départ des tournois !

LE CORNET

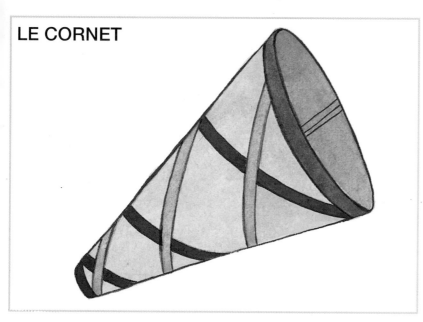

Il te faut :
- du carton peu épais
- du ruban adhésif
- du papier de soie
  de couleur

Enroule le carton fin pour lui donner la forme d'un cône. Maintiens-le fermé avec un ruban adhésif. Enveloppe-le dans le papier de soie.

LA TROMPE

Il te faut :
- un entonnoir
- un morceau de tuyau
- du tissu rouge
- de la colle
- des feutres indélébiles

Emboîte le tuyau dans l'entonnoir. Maintiens-les ensemble avec le ruban adhésif. Colle le tissu autour du tuyau. Dessine un écusson sur la partie qui dépasse.

DES GUIROS À GRATTER

Pour faire résonner ces guiros, tu peux utiliser une pince à linge, une cuiller, une règle... ou d'autres grattoirs que tu découvriras chez toi !

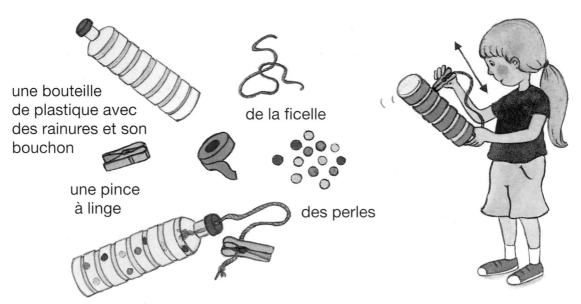

une bouteille de plastique avec des rainures et son bouchon

une pince à linge

de la ficelle

des perles

Introduis quelques perles dans la bouteille. Enfile une perle à une extrémité de la ficelle. Fais un nœud. Passe la ficelle au milieu du bouchon que tu auras troué. Attache la pince à linge... et gratte !

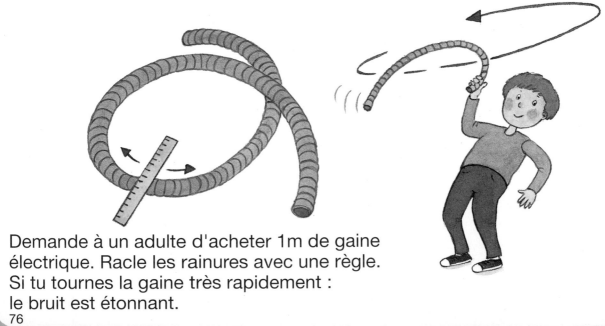

Demande à un adulte d'acheter 1m de gaine électrique. Racle les rainures avec une règle. Si tu tournes la gaine très rapidement : le bruit est étonnant.

76

UN CARILLON DE BAMBOU

Pour faire résonner les tubes du carillon, frappe-les à l'aide d'une cuiller en métal. Tu peux aussi prendre une cuiller dans chaque main !

Il te faut du matériel

... et l'aide d'une grande personne !

une perceuse

une tige de bambou que tu trouveras au rayon jardinage (les tiges, résistantes, peuvent servir de tuteurs aux plantes) un rouleau de ficelle.

L'adulte t'aidera à te servir d'une scie. Demande-lui de percer les trous à l'aide d'une perceuse électrique.

Il faut scier la tige de bambou de manière à obtenir 5 tubes de longueurs différentes. Observe l'intérieur des tubes : ils sont creux !

L'adulte perce un trou en haut de chaque tube.

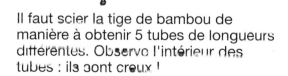

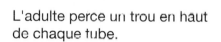

Fais un premier nœud à ta ficelle. Passe la ficelle dans le trou. Fais un deuxième nœud : le tube est bloqué.

Continue avec les autres tubes. Accroche ton instrument, par exemple à deux chaises. Et fais-le carillonner !

DES MIRLITONS

Les mirlitons sont des instruments magiques : ils déforment les voix.
Invite tes amis à venir en fabriquer avec toi. C'est très facile !

un peigne
et du papier
de soie

Replie le papier de soie autour des dents du peigne.
Ta lèvre supérieure doit toucher légèrement le papier, sans le mouiller.
Chante ou parle avec une voix aiguë : le son de ta voix ressemble à celui d'une trompette !
Imite l'éléphant qui barrit, la sirène de l'ambulance...

du ruban adhésif

un élastique

du papier de soie

un tube de carton

Couvre une ouverture du tube de carton avec le papier.
Tends-le bien avant de le fixer à l'aide d'un élastique.
Décore le tube avec le ruban adhésif.
Pose tes lèvres sur l'ouverture et fredonne un air.
Si le son est aigu, le papier vibre rapidement et déforme ta voix.

HARPE OU VIOLON ?

Le joueur de harpe pince les cordes avec ses doigts. Le violoniste les frotte avec un archet. Sur ton instrument, tu pourras pincer et frotter !

Récupère un emballage en polystyrène le plus creux possible (dans les grandes surfaces, la viande est parfois présentée dans ce genre de boîte). Collectionne des élastiques de différentes épaisseurs et de différentes couleurs. Passe chaque élastique autour de l'emballage.

Pince un élastique : tire-le vers toi puis relâche-le. Il vibre et résonne. Compare le son d'un élastique épais et celui d'un élastique mince.

Frotte un ou plusieurs élastiques avec un crayon. Joue vite puis lentement. Effleure l'élastique puis appuie très fort...

79

LES PREMIERS INSTRUMENTS DE MUSIQUE

Les hommes ont joué à souffler dans les coquillages, les os, les cornes.
Puis ils ont étiré des peaux, sculpté du bois, tendu des cordes.

Cet enfant souffle dans un coquillage marin : une conque.

Cet homme souffle dans le shofar, qui est en fait une corne de bélier.

Ce Papou de Nouvelle-Guinée fait tourner un rhombe, une planchette de bois sculpté. Le son produit ressemble au grondement du tonnerre.

En soufflant, en pinçant, en tapant... les premiers hommes ont reproduit les sons de la nature. Puis ils ont inventé rythmes et chants.

Des fruits secs remplis de graines et enfilés sur un bâton : voilà un hochet africain !

Un homme de la préhistoire a percé cet os d'animal pour en faire une flûte.

Avec ses cordes tendues sur un cadre de bois, la harpe ressemble à son ancêtre : l'arc du chasseur.

Voici l'un des premiers tambours : l'homme a tendu une peau d'animal sur un vase de terre.

TOUT AUTOUR DU MONDE

Ces instruments sont les grands-parents des trompettes, des guitares, des pianos. Ils sont encore fabriqués pour des musiciens d'aujourd'hui.

Le son puissant du cor des Alpes résonne très loin dans la montagne.

Les barres de bois du xylophone africain sont posées au-dessus de courges vidées et séchées.

Ce jeune africain fait vibrer les languettes de sa sanza avec ses pouces.

Cet Indien d'Amérique du Sud a utilisé une carapace de tatou pour confectionner son charengo.

Ces instruments demandent un long apprentissage. En Inde, certains musiciens vivent près de leur maître pendant plusieurs années.

Les cordes en métal de la rudra vina indienne résonnent au-dessus de deux énormes calebasses : des fruits vidés et séchés.

Dans certaines familles japonaises, les fillettes apprennent très tôt à jouer du koto : une cithare qui mesure deux mètres de long !

LES FLÛTES D'AMÉRIQUE DU SUD

Pendant leurs fêtes, les Indiens d'Amérique du Sud dansent au son des tambours et des flûtes. Voici la quéna, la phala et la flûte de Pan.

Le joueur de quéna souffle dans une encoche taillée à l'extrémité de sa flûte.

C'est le jour de la fête du soleil au Pérou. Un berger joue d'une sorte de flûte traversière : la phala.

La flûte de Pan bolivienne est faite de roseaux de différentes longueurs. La légende prétend qu'une jeune fille que le dieu Pan poursuivait se transforma en roseau. Alors il coupa le roseau pour en faire un instrument qui ne pouvait pas lui échapper.

BOMBARDE ET BINIOU

Voyageons dans l'ouest de la France avec les sonneurs bretons qui animent les fêtes en jouant de la bombarde et du biniou.

Le joueur de bombarde pince avec ses lèvres une lamelle de roseau : l'anche de la bombarde.

Quand le musicien souffle dans le porte-vent, la poche du biniou se remplit d'air.

bombarde

biniou

Quand le joueur de bombarde s'arrête pour reprendre son souffle, le joueur de biniou continue. Puis la bombarde revient, et le biniou se tait !

PETITES PERCUSSIONS

Percuter veut dire frapper. Les percussions sont des instruments que l'on frappe avec les mains ou avec des baguettes pour obtenir un son.

Les castagnettes s'entrechoquent dans les mains.

On agite les maracas pour entendre le roulement des graines ou des billes qu'elles contiennent.

Le tube résonant produit deux sons différents : un à chaque extrémité.

Fixés sur un bracelet, les grelots tintent lorsqu'on les secoue.

Les cymbales, ce sont deux disques de cuivre que l'on frappe l'un sur l'autre.

Quand on agite la clochette, un battant frappe le métal : il vibre.

Le triangle se tient par une attache. On le frappe avec une batte de fer.

TAMBOURINS ET BONGOS

Ces instruments sont recouverts d'une peau naturelle ou de plastique.
Il faut tendre ou détendre la peau pour changer le son.

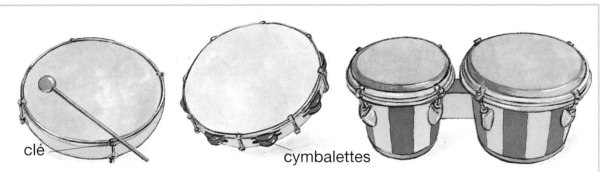

clé

cymbalettes

Le tambourin
On tourne les clés pour régler la tension de la peau.

Le tambour de basque est garni de cymbalettes.

Le bongo
Les deux fûts sont de tailles différentes. Ils ne produisent pas le même son.

De quel instrument se sert la maîtresse ? Quand elle frappe sur la peau, les enfants se transforment en statues. Ils ne doivent plus bouger.

XYLOPHONE ET MÉTALLOPHONE

Ces instruments sont composés de lames sur lesquelles on frappe avec des baguettes. Chaque lame correspond à une note.

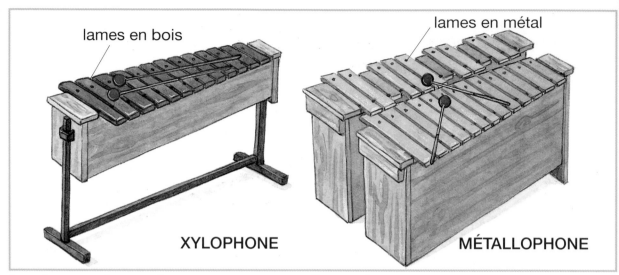

lames en bois

lames en métal

XYLOPHONE

MÉTALLOPHONE

Les lames de ces instruments sont disposées comme les touches d'un clavier de piano. Dans les tubes creux placés dessous, le son résonne.

Ces enfants apprennent à frapper avec la baguette tenue dans la main droite puis avec l'autre tout en gardant le rythme.

LA TIMBALE ET LA CAISSE CLAIRE

Chaque côté du fût de la caisse claire est couvert d'une peau. Mais une seule peau est tendue sur la cuvette à fond arrondi de la timbale.

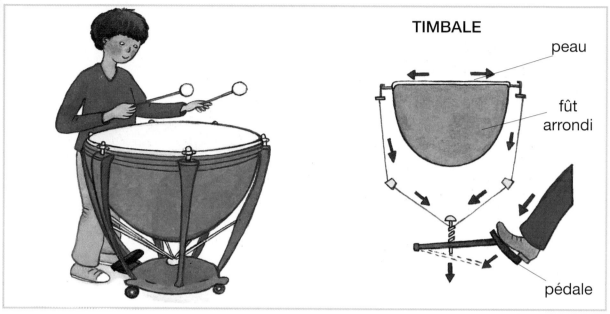

TIMBALE

peau

fût arrondi

pédale

Le timbalier peut jouer sur un jeu de plusieurs timbales. Pour modifier leur son, il tend ou détend la peau en appuyant sur une pédale.

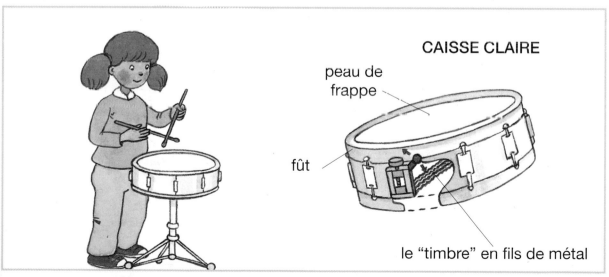

CAISSE CLAIRE

peau de frappe

fût

le "timbre" en fils de métal

Des fils sont tendus près de la peau inférieure de la caisse claire. Ils claquent contre la peau quand les baguettes tapent la peau supérieure.

UNE BATTERIE

Le batteur joue de tout un ensemble de tambours et de cymbales. Avec ses mains, il frappe. Avec ses pieds, il appuie sur les pédales.

La cymbale suspendue

La cymbale suspendue

Ces petits tambours s'appellent des "toms".

Les cymbales Charleston s'entrechoquent quand le batteur appuie sur la pédale.

Le tom basse produit un son grave.

La caisse claire

Quand le batteur appuie sur la pédale située au pied de la grosse caisse, une baguette terminée par une boule frappe la grosse caisse.

PREMIÈRES LEÇONS DE BATTERIE

Il existe des batteries adaptées à la taille d'un enfant de sept ans.
Au bout d'un an, il saura distribuer les rythmes sur tous ses instruments.

Voici une manière de tenir les baguettes.

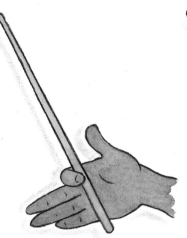

Serre la baguette avec l'index. Maintiens-la parallèle au pouce.

Pose le pouce. Replie les autres doigts et pose-les sur la baguette.

Retourne ta main. Cette prise permet de frapper très fort.

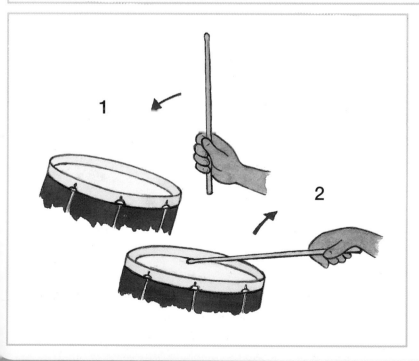

Quand un futur batteur sait tenir ses baguettes, il exerce ses poignets pour qu'ils deviennent souples !
Répète une dizaine de fois le mouvement indiqué en prenant ta baguette dans ta main droite, puis dans ta main gauche.
Un batteur apprend à jouer beaucoup de rythmes et à les lire sur une portée.

FLÛTE À BEC ET FLÛTE TRAVERSIÈRE

Le tube d'une flûte contient de l'air. Quand tu souffles dans le bec, cet air vibre et voyage. Il ressort par les trous qui sont restés ouverts.

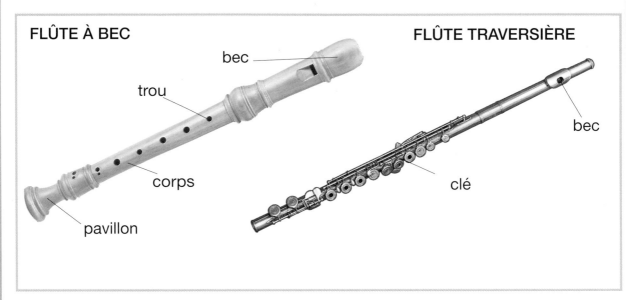

FLÛTE À BEC

bec

trou

corps

pavillon

FLÛTE TRAVERSIÈRE

bec

clé

La flûte à bec est toute simple : elle se compose de trois parties. Mais, pour fabriquer la flûte traversière, il faut assembler 150 pièces !

Le flûtiste sait quels trous il doit fermer pour obtenir la note souhaitée. Ses doigts sont agiles !

La flûtiste appuie sur des clés : des tampons empêchent alors l'air de s'échapper par les trous.

PREMIÈRES LEÇONS DE FLÛTE

On peut commencer à apprendre la flûte à bec vers l'âge de six ans. La flûte traversière est lourde. Les débutants ont de huit à dix ans.

bec

corps

pavillon

Les enfants découvrent les trois parties de la flûte à bec.
Ils ne gardent que le bec, qu'ils posent sur leur lèvre inférieure.
Ils s'entraînent à respirer profondément, puis à souffler longtemps dans le bec. Ils imitent un oiseau, une sirène...

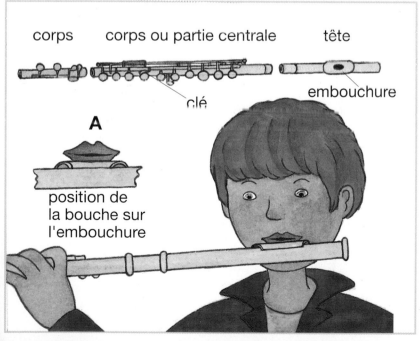

corps

corps ou partie centrale

tête

clé

embouchure

A

position de la bouche sur l'embouchure

En A, l'enfant a séparé la tête de la flûte traversière du reste de l'instrument. Il tient l'embouchure sous la lèvre inférieure. Seule une partie de l'air soufflé entre dans l'embouchure. Le reste part au-dessus. Avant d'apprendre à jouer, l'enfant apprend à bien respirer !

HAUTBOIS, CLARINETTES ET SAXOPHONES

Saxophones et clarinettes existent en plusieurs tailles. Le hautbois ressemble à une clarinette, mais le son s'obtient de façon différente.

Le son du hautbois est puissant : il domine l'orchestre.

Le son de la clarinette peut être très fort ou très doux.

Lequel de ces deux saxophones donne le son le plus grave ?

l'alto a le son le plus grave

HAUTBOIS

CLARINETTE

SAXO ALTO

SAXO SOPRANO

Hautbois

Clarinette

Saxo soprano

Les enfants se servent de leurs doigts un peu comme sur une flûte.
Ils travaillent beaucoup leur respiration et leur souffle.

PREMIÈRES LEÇONS

Les enfants de huit ans peuvent apprendre le hautbois, la clarinette ou le saxophone. Le plus difficile est d'obtenir un joli son.

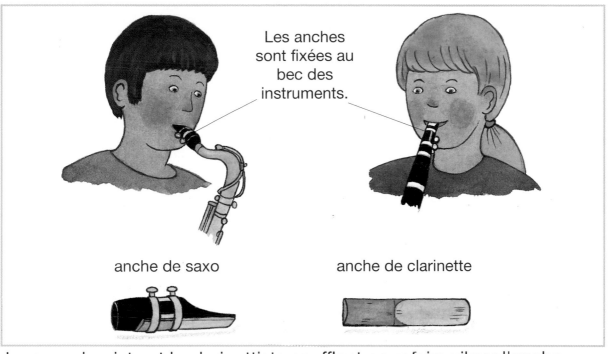

Les anches sont fixées au bec des instruments.

anche de saxo

anche de clarinette

Le saxophoniste et la clarinettiste soufflent pour faire vibrer l'anche, une fine languette de roseau qu'ils mouillent avec leur salive pour qu'elle reste souple.

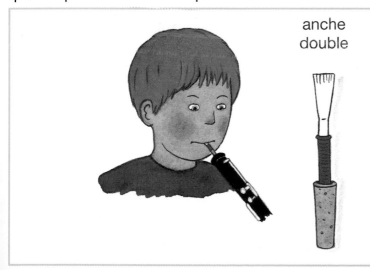

anche double

Un saxophoniste ou un clarinettiste auront du mal à obtenir un son du hautbois : l'anche est double. Le musicien doit faire vibrer les deux lames tout en les pinçant entre ses lèvres. C'est très difficile ! Le joueur de hautbois, lui, pourra facilement faire sonner une clarinette ou un saxo.

LA TROMPETTE

La trompette est faite d'un tuyau de cuivre replié sur lui-même.
A son extrémité, ce tuyau s'élargit et prend la forme du pavillon.

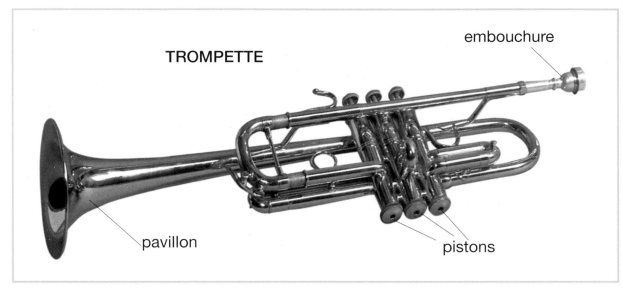

TROMPETTE

embouchure

pavillon

pistons

Le trompettiste doit appliquer les lèvres contre l'embouchure. Quand il souffle, ses lèvres vibrent. Ses doigts appuient sur les trois pistons.

Le son de la trompette est très fort. Quand il fait beau, cet enfant préfère jouer dehors.

Lorsqu'un piston est enfoncé, le chemin de l'air s'allonge : le son devient plus grave.

96

PREMIÈRES LEÇONS DE TROMPETTE

Pour faire sortir un son d'une trompette, ce n'est pas facile ! Un enfant de dix ans peut s'y essayer. Avant, ce n'est pas bon pour les dents.

Le débutant peut s'exercer avec un cornet à pistons : cet instrument est plus court que la trompette et moins fatigant à porter.

La fillette gonfle un ballon pour s'entraîner à respirer profondément.

Elle souffle en imaginant qu'elle chasse un papier hors de sa bouche.

Le trompettiste apprend à placer ses lèvres sur l'embouchure et à les faire vibrer. Il prend conscience de la position de sa langue. Mais le plus important, c'est sa respiration. Il doit pouvoir jouer le plus longtemps possible sans reprendre son souffle !

TROMBONE, COR ET TUBA

Voici trois instruments à vent bien lourds à porter. Le vent, c'est le souffle des musiciens qui passe dans les longs tubes de cuivre.

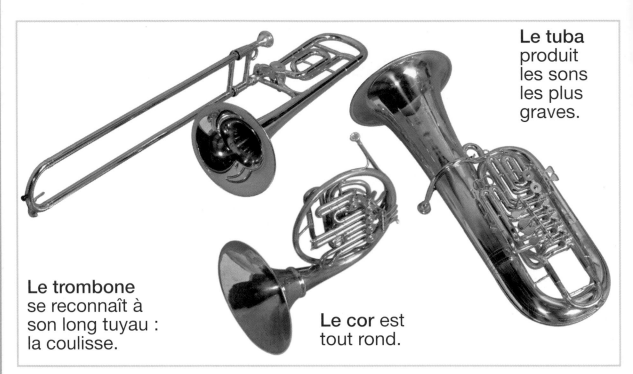

Le tuba produit les sons les plus graves.

Le trombone se reconnaît à son long tuyau : la coulisse.

Le cor est tout rond.

Pour modifier le son du cor, le musicien place sa main à l'intérieur du pavillon

Le musicien pousse la coulisse pour allonger le tube du trombone.

Le tuba est si lourd que le musicien joue le plus souvent assis.

L'ACCORDÉON, LE CONCERTINA ET L'HARMONICA

Ces trois instruments cachent des lames de métal qui vibrent à chaque passage d'air : ils appartiennent à la famille des instruments à vent !

Les soufflets aspirent l'air quand le musicien les étire. Ils chassent l'air quand le musicien les referme. Quand l'accordéoniste appuie sur les boutons ou sur les touches, l'air venu des soufflets va faire vibrer des lames de métal : les anches.

Le concertina est un tout petit accordéon. C'est l'instrument préféré des clowns.

L'harmonica produit un son à chaque passage d'air : quand on inspire et quand on expire.

99

LE VIOLON

Un violoniste tient son instrument sous le menton et presse les cordes avec les doigts de sa main gauche. Sa main droite manie l'archet.

Le musicien frotte les quatre cordes du violon avec un archet.

Pour obtenir un son différent, la violoniste pince les cordes avec ses doigts.

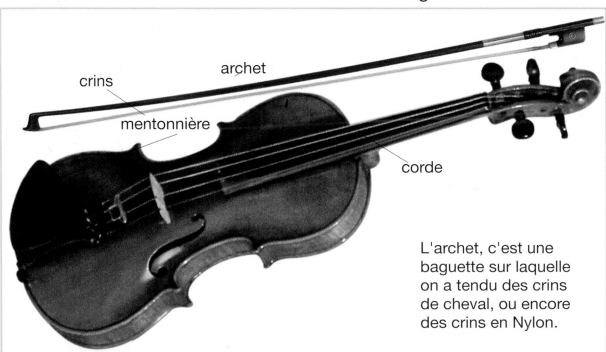

crins

archet

mentonnière

corde

L'archet, c'est une baguette sur laquelle on a tendu des crins de cheval, ou encore des crins en Nylon.

PREMIÈRES LEÇONS DE VIOLON

Un violon et un archet, c'est lourd ! Un enfant de six ans peut apprendre à jouer avec un petit archet et un violon de taille "un quart".

Ouvre ta main droite.
Pose le crayon comme indiqué sur l'image.

Pose le pouce sur le crayon.
Plie les phalanges des autres doigts.

Retourne ta main : voilà comment tu devras tenir l'archet !

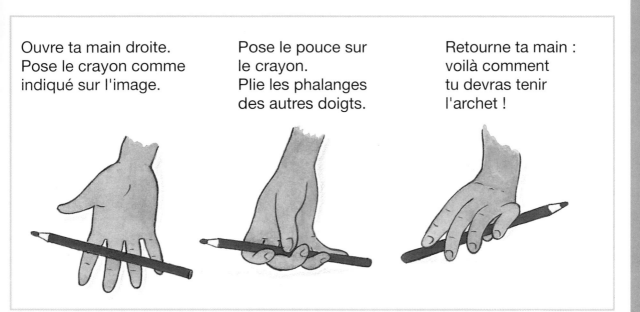

Pour tenir l'archet longtemps et sans fatigue, il faut apprendre la bonne position. Exerce-toi avec un objet plus court qu'un archet : un crayon !

Il reste à apprendre à tirer puis à pousser l'archet. Les doigts de la main gauche ne touchent pas les cordes. La position du coude, du poignet et des épaules est très importante. Le jeune violoniste s'exerce jusqu'à obtenir un très beau son !

LE VIOLONCELLE ET LA CONTREBASSE

Parmi les instruments à cordes, ce sont les géants ! Leur son est très grave. Les musiciens les posent sur le sol, appuyés sur une pique.

VIOLONCELLE

CONTREBASSE

Les plus jeunes contrebassistes sont âgés de huit ans. Ils jouent en fait sur un violoncelle dont ils se servent comme une contrebasse. Il existe de petits violoncelles pour les enfants de six ans.

Le violoncelliste s'assoit et tient son instrument entre ses genoux.

Le contrebassiste joue soit debout, soit assis sur un haut tabouret.

LES HARPES

Les harpistes pincent les cordes de leur instrument avec la partie ronde du bout des doigts. Ils repèrent certaines cordes à leur couleur.

Les 47 cordes tendues sur la harpe de concert sont faites d'acier, de boyau de bœuf ou encore de Nylon. La harpiste ne joue pas avec son auriculaire.
Parfois, elle appuie sur une des pédales pour modifier le son. Elle joue de cet instrument depuis l'âge de neuf ans !

La harpe celtique est plus petite que la harpe de concert. Elle n'a pas de pédales.
Les musiciens irlandais et bretons jouent de la harpe en chantant des airs très anciens ou pour accompagner le récit des légendes de leur pays.

LA GUITARE

Le guitariste coupe les ongles de sa main gauche. Par contre les ongles de sa main droite sont longs : ils tirent les six cordes.

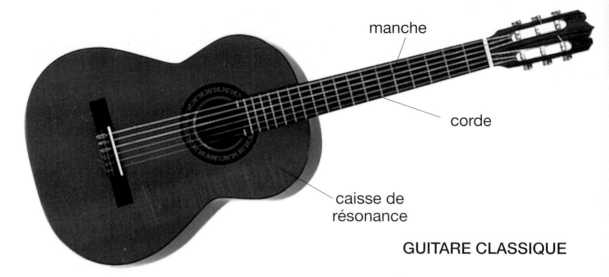

manche

corde

caisse de résonance

GUITARE CLASSIQUE

La guitare classique est faite de bois choisis soigneusement : ils vibrent quand on pince les cordes.

La guitare électrique est plate. Un câble transporte les signaux électriques vers un amplificateur.

Les doigts de la main gauche appuient sur les cordes pour changer la hauteur des sons.

PREMIÈRES LEÇONS DE GUITARE

Il existe plusieurs tailles de guitare. Dès six ans, un enfant peut jouer sur une guitare de petite taille. Au début, les cordes font mal aux doigts !

Une bonne position évite de se fatiguer rapidement.
Le pied gauche est posé sur un repose-pied. Ainsi, la guitare est inclinée et repose solidement sur la jambe gauche.
Le pouce gauche est caché derrière le manche. Le coude gauche pend de tout son poids.

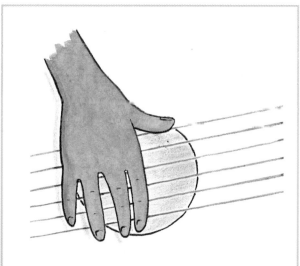

L'enfant joue "en butée" : le pouce appuie sur une corde et s'arrête en butant sur la corde du dessous.

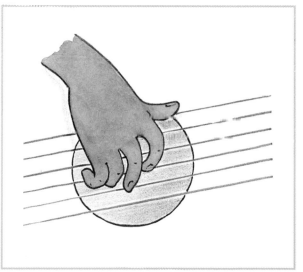

L'index puis le majeur appuient sur une corde, puis s'arrêtent en butant sur la corde du dessus.

LE PIANO

Le pianiste joue dans les salles de concert, tout seul ou avec un orchestre. Parfois, le son accompagne la voix d'un chanteur.

Quand le pianiste enfonce une touche, un marteau frappe une corde.
La corde vibre et produit un son.
Quand le pianiste relâche la touche, un étouffoir se place sur la corde et l'empêche de vibrer : elle devient muette.

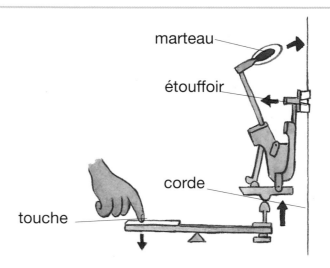

Schéma du fonctionnement de la touche du piano

Les cordes du piano sont tendues verticalement. Elles sont cachées dans un meuble de bois.

Les pouces se placent au bord des touches blanches, les autres doigts au bord des touches noires.

PREMIÈRES LEÇONS DE PIANO

Un enfant de six ans peut commencer l'apprentissage du piano. Il veille à se tenir bien droit, à ne pas crisper poignets, bras et épaules.

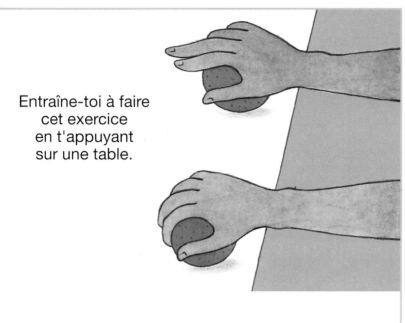

Entraîne-toi à faire cet exercice en t'appuyant sur une table.

Pour trouver ia bonne position de la main et du poignet, place une balle ou une orange dans la paume de ta main.
Puis exerce-toi à bouger les doigts l'un après l'autre sans bouger le poignet.

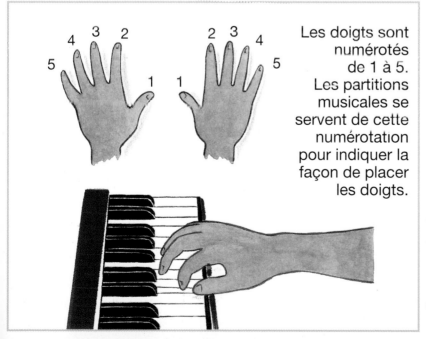

Les doigts sont numérotés de 1 à 5. Les partitions musicales se servent de cette numérotation pour indiquer la façon de placer les doigts.

L'enfant apprend ensuite à jouer "legato" : pour ne pas que les sons des notes soient séparés, on ne lève un doigt que lorsque l'autre est abaissé. L'enfant exerce sa main droite, puis sa main gauche, puis les deux ensemble. Ce n'est pas facile !

L'ORCHESTRE SYMPHONIQUE

Les symphonies sont des musiques jouées par beaucoup d'instruments. L'orchestre symphonique comprend parfois plus de cent musiciens.

Famille des percussions :

1- la caisse claire
2- le tambour de basque
3- le triangle
4- le xylophone
5- les timbales
6- les cymbales
7- le gong
8- la grosse caisse

Famille des instruments à cordes :

21- les harpes
22- les violons
23- les altos
24- les violoncelles
25- les contrebasses

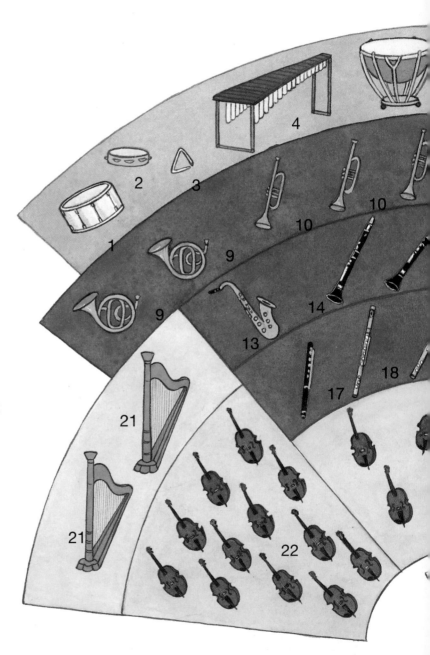

Repère les familles d'instruments. Au fond, voici les percussions. Les instruments à vent sont au milieu, les instruments à cordes sont devant.

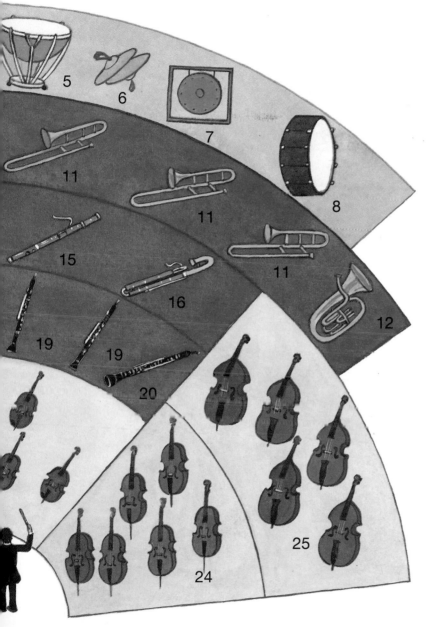

Famille des instruments à vent :

9 - les cors
10 - les trompettes
11 - les trombones
12 - le tuba
13 - le saxophone
14 - les clarinettes
15 - le basson
16 - le contrebasson
17 - la petite flûte "piccolo"
18 - les flûtes traversières
19 - le hautbois
20 - le cor anglais

LE CHEF D'ORCHESTRE

Pendant les répétitions et pendant le concert, tous les musiciens regardent le chef. Il les dirige avec ses mains... et avec son regard !

Si le chef compte quatre temps, la main descend, va à gauche, puis à droite, puis remonte.
S'il ne compte que deux temps, la main descend, puis remonte.

Si le chef compte trois temps, au premier la main descend,
au deuxième elle va à droite
au troisième, elle remonte.

Avec sa main droite, celle qui tient la baguette, le chef donne la mesure : il la dessine dans l'espace.

Avec sa main gauche, celle qui ne tient pas la baguette, le chef indique comment interpréter la musique. Observe aussi son visage !

DEVINETTES POUR LES PETITS MUSICIENS

Peut-être pourras-tu répondre tout de suite à ces quelques questions ?
Sinon, cherche les réponses dans ton Imagerie.

1) Le violoniste fait vibrer son instrument avec une crinière ou avec un archet ?

2) J'ai de grandes dents blanches et de petites dents noires. Qui suis-je ?

3) On me tient en travers de la bouche. Suis-je la flûte de travers ou la flûte traversière ?

4) Je suis droite et les musiciens soufflent dans mon bec. Qui suis-je ?

5) Je suis la contrebasse. Si tu dessinais mon archet, serait-il plus court ou plus long que celui du violoncelle ?

6) Le clown a joué de l'harmonica. Il le pose pour prendre son instrument préféré. Mais il ne le voit pas. Où est-il ? Quel est son nom ?

1) L'archet 2) Le piano 3) La flûte traversière 4) La flûte à bec 5) Il serait plus court 6) Le concertina.

111

UN CONCERT DE ROCK AND ROLL

"Rock" signifie "balancement" et "roll" veut dire "rouler". Le rock and roll, ou rock'n'roll, est une musique venue des États-Unis.

Les musiciens se servent d'instruments électriques. De nombreux haut-parleurs diffusent la musique dans la salle de concert.

Les quatre Beatles formaient un groupe de rock célèbre : leurs disques se vendent depuis trente ans dans le monde entier.

DRÔLE D'ORCHESTRE

Dans la salle de concert, les spectateurs sont très surpris. Et toi, qu'en penses-tu ? Observe l'orchestre et trouve les sept erreurs.

Le chef d'orchestre tourne le dos aux musiciens. Un musicien joue à la fois du saxophone et de la clarinette. Un violoncelle n'a pas de musicien. Un musicien passe un bras dans une ouïe de sa contrebasse. Deux violons sont en couleur. La harpiste tient un archet. Le pianiste joue sur un clavier fermé.

ANNULEZ LE CONCERT !

Tous ces musiciens se sont blessés. Aucun ne pourra jouer pendant le concert. Peux-tu deviner quel est l'instrument de chaque musicien ?

COMPOSITEURS CÉLÈBRES

JEAN-SÉBASTIEN BACH (1685-1750)

Très jeune, Bach apprit le violon et le clavecin. Ses parents moururent quand il avait dix ans. Son grand frère se chargea alors de lui.

Bach n'avait le droit de jouer du clavecin qu'une heure par jour.

Il recopiait en cachette les partitions que son frère lui interdisait d'apprendre.

Son frère le surprit alors qu'il déchiffrait les copies. Il se fâcha et les emporta.

D'abord très triste, Bach s'aperçut qu'il avait retenu par cœur les notes !

Devenu organiste, il dut inventer une musique pour chaque dimanche.

Bach épousa sa cousine Maria Barbara, qui lui donna 7 enfants.

Après la mort de sa première femme, Bach se maria avec Anna-Magdalena, qui mit au monde... 13 enfants ! Bach a eu 20 enfants !

Les pianistes d'aujourd'hui jouent les partitions du *Clavier bien tempéré*. C'est Bach qui l'écrivit pour ses enfants.

GEORG FRIEDRICH HAENDEL (1685-1759)

Haendel aimait le théâtre et la musique. Il apprit le violon, le clavecin et l'orgue. Il ne cessera de composer que lorsqu'il deviendra aveugle.

Le petit Haendel rêvait d'apprendre le clavecin. Sa tante lui en offrit un.

Elle le fit installer dans le grenier, sans que le père de Haendel le sache !

Pour ce papa, il fallait étudier dans les livres. La musique, c'était inutile !

Un matin, Haendel rattrapa le carrosse qui emportait son père.

Il promit d'être très sage si son père acceptait qu'il l'accompagne chez le duc.

En cachette, Haendel alla jouer de l'orgue dans la chapelle du duc.

L'organiste l'entendit et lui demanda de jouer pendant la messe. Admiratif, le duc lui donna une bourse pleine d'or !

Plus tard, pour le roi d'Angleterre, qui aimait les promenades en bateau, il composera sa célèbre *Water music*.

FRANZ-JOSEPH HAYDN (1732-1809)

À l'époque, les musiciens devenaient les serviteurs des riches.
Haydn vivra pendant trente ans chez le plus riche prince de Hongrie.

Haydn prenait deux
morceaux de bois pour
imiter les violonistes !

Quand il eut six ans, un
cousin musicien l'emmena
vivre chez lui.

Haydn travailla beaucoup.
Il apprit à jouer du violon
et du clavecin.

Haydn avait une très belle
voix. Vint un visiteur qui lui
offrit des cerises...

et lui proposa de venir
chanter à Vienne dans
la chorale de l'empereur.

Haydn adorait grimper...
mais l'impératrice trouvait
ses jeux dangereux !

Devenu grand, il quitta
la chorale. Il lisait des
livres de musique.

Pour gagner sa vie et pouvoir
manger, Haydn jouait du violon.

Un beau jour, un prince
l'invita à vivre chez lui et
à diriger son orchestre.

WOLFGANG AMADEUS MOZART (1756-1791)

Le petit Mozart écoutait sa sœur qui jouait du clavecin, son père qui jouait du violon. Il les imitait et cherchait "les notes qui s'aiment".

Le papa du petit Mozart et de sa sœur Nannerl écrivait de la musique.

À quatre ans, Wolfgang voulut jouer du clavecin comme sa sœur.

Son père commença alors à lui donner des leçons. Wolfgang apprit très vite.

L'empereur posa un drap sur le clavier : Wolfgang joua sans voir les touches

Quand Mozart eut sept ans, son père l'emmena pour un long voyage. Avec sa sœur, il donna des concerts devant les princes. Il reçut beaucoup de cadeaux.

Le papa de Mozart emmena ses enfants jusqu'en Angleterre.

Devenu grand, Mozart s'installa à Salzbourg.

Serviteur du prince-archevêque, il composa pour lui.

Mozart apprit aussi le violon et l'écriture de la musique. À six ans,
il inventa un air de danse. Il écrira sept-cent compositions en trente ans !

Mozart était joyeux et
farceur.Il adorait se
déguiser et faire la fête.

Il lui arriva de pincer une
chanteuse qui ne chantait
pas assez fort à son goût.

Certains se moquaient de
lui : ils ne comprenaient
pas sa musique.

Mozart manqua d'argent.
Il continua pourtant de
composer des airs joyeux.

Son opéra *La flûte
enchantée* fut un succès.
Mais il se sentait malade.

Même très faible, Mozart
continua à dicter les notes
de nouveaux airs.

Mozart mourut un 5 décembre, le mois de Noël. Il faisait très froid le jour de
l'enterrement. Bien peu de ses amis se rendirent au cimetière !

LUDWIG VAN BEETHOVEN (1770-1827)

Le père de Beethoven, chanteur à la chapelle du prince, voulait que son fils soit musicien. Il lui fit apprendre le piano, l'orgue et le violon.

Monsieur Beethoven réveillait son fils pour qu'il s'exerce au violon !

Ludwig donna son premier concert alors qu'il avait huit ans.

Puis il joua de l'orgue et du violon avec l'orchestre de la cour.

Devenu musicien de la cour, Beethoven dut s'habiller avec élégance.

Même Mozart admirait le talent de Beethoven, alors âgé de seize ans !

Beethoven composa une symphonie en l'honneur de Bonaparte.

Beethoven avait beaucoup de succès. Malheureusement, il devenait sourd.

Beethoven ne pouvait plus jouer de piano. Il composa jusqu'à ce qu'il tombe malade après avoir pris froid.

FRANZ SCHUBERT (1797-1828)

Schubert quitta l'école de son père, où il enseignait, pour se consacrer à la musique. Il mourut alors qu'il n'avait que trente et un ans.

Franz était le quatrième de la famille Schubert.

Franz étudia le piano avec son grand frère Ignace. Il fit de rapides progrès.

Reconnaissant son talent, l'organiste de la ville le prit pour élève.

Quand il eut onze ans, il dut chanter devant un musicien célèbre.

Il quitta sa famille pour devenir chanteur à la chapelle royale.

Dès qu'il avait un peu de temps, il écrivait la musique qu'il inventait.

Une nuit, l'armée de Napoléon incendia l'école où il étudiait.

Sa mère mourut. Son père se remaria avec une femme très généreuse.

Il fut maître d'école pendant 4 ans avant de se consacrer à la musique.

FRÉDÉRIC CHOPIN (1810-1849)

Chopin est né en Pologne. Il composa des valses et des airs qui portent le nom des danses de son pays : des mazurkas, des polonaises.

La maman de Chopin était musicienne. Elle lui apprit le piano.

A six ans, il étudia avec un vieux professeur qu'il aima beaucoup.

A sept ans, il composa une valse polonaise, qui fut imprimée.

Princesses et comtesses invitèrent Frédéric à venir jouer du piano chez elles.

Il donna son premier grand concert peu avant ses huit ans.

Quand il jouait pour le sévère grand-duc, celui-ci devenait presque aimable.

Il dessinait très bien et faisait de drôles de portraits de ses maîtres.

Devenu grand, il vint s'installer en France et ne retourna plus en Pologne.

Il rencontra l'écrivain George Sand et vécut dans son château.

ROBERT SCHUMANN (1810-1856)

Schumann et sa femme Clara eurent sept enfants. Leur père composa pour eux *Scènes d'enfants* et *Carnaval,* qu'ils jouèrent au piano.

Enfant, Schumann adorait jouer dans la librairie de son père.

Longtemps, il se demandera s'il deviendrait poète ou musicien.

Sa maman préférait qu'il fasse des études plus sérieuses !

Il prit pourtant des cours de piano chez le sévère professeur Wieck.

Il s'attacha deux doigts pour fortifier les autres, mais ils se paralysèrent !

Schumann épousa Clara Wieck, la fille de son professeur.

Excellente pianiste, Clara joua en concert les œuvres de son mari.

Des pêcheurs sauvèrent Schumann alors qu'il allait se noyer.

Malade et triste, il passa ses deux dernières années dans une maison de repos.

FRANZ LISZT (1811-1886)

Franz Liszt voyagea beaucoup pour donner des récitals de piano.
C'était un virtuose : quand il jouait, on croyait entendre un orchestre !

À six ans, Liszt voulut jouer du piano, comme son père. Il apprit vite !

À onze ans, il donna un concert en présence de Beethoven.

Il vint à Paris pour prendre des cours avec les meilleurs professeurs.

Liszt composa. Ft pour gagner sa vie, il donna des leçons de piano.

A Paris, le Hongrois Franz Liszt rencontra le Polonais Frédéric Chopin.

Pour se déplacer dans toute l'Europe, Liszt aurait fait construire une roulotte.

En Hongrie, 20 000 personnes l'accueillirent en tenant des flambeaux.

Liszt donnait des concerts de piano. Parfois, il se faisait chef d'orchestre.

Ce grand voyageur, âgé et fatigué, revint mourir près de sa fille.

JOHANNES BRAHMS (1833-1897)

Jeune homme, Brahms aimait la musique... et la lecture. Tout en jouant des valses pour les marins, il lisait un livre posé sur le piano.

Le petit Johannes écoutait attentivement le joueur d'orgue de Barbarie.

Il retenait l'air et retrouvait ensuite les notes sur sa flûte.

Son père gagnait sa vie en jouant de la contrebasse dans les restaurants.

Johannes voulait jouer du piano, mais cet instrument coûtait trop cher !

Un professeur le trouva si doué qu'il lui donna des leçons gratuitement.

Johannes allait s'entraîner chaque jour chez un fabricant de pianos.

Johannes Brahms commença à écrire et à jouer ses compositions.

Plus tard, il en brûla la plupart et ne garda que ses préférées.

Cet enfant s'endort en écoutant une berceuse de Brahms !

PIOTR ILITCH TCHAÏKOVSKI (1840-1893)

Tchaïkovski a composé de très belles mélodies. Parfois, on peut reconnaître des airs de danses de son pays : la Russie.

Tchaïkovski apprit la musique avec sa maman. Elle mourut lorsqu'il avait quatorze ans.

Tchaïkovski voyagea en Europe et en Amérique. Sa musique est célèbre dans le monde entier.

Le héros du "*Lac des cygnes*", c'est le prince Siegfried. Il aime une princesse transformée en cygne. Il fera tout pour la délivrer.

CLAUDE DEBUSSY (1862-1918)

Les parents de Debussy étaient très pauvres et s'occupaient peu de lui.
Il apprit le piano grâce à sa marraine et à une amie de la famille.

Les parents de Debussy
vendaient de la vaisselle
en porcelaine.

Pendant un séjour au bord de
la mer, Debussy prit quelques
cours de piano.

Rentré chez lui, c'est sa
marraine qui continua à lui
enseigner la musique.

À dix ans, il entra dans
une école où il apprit à écrire
la musique.

Jeune homme, il séjourna
en Russie, où il rencontra
de nombreux musiciens.

Puis Debussy composa
des œuvres qui eurent
beaucoup de succès.

Pour l'orchestre, Debussy
a écrit une belle
symphonie : *La mer*.

Pour sa fille, Chouchou,
il écrivit la musique de
La boîte à joujoux.

Même malade, Debussy
continua à inventer de
nouvelles musiques.

MAURICE RAVEL (1875-1937)

Ravel apprit le piano à l'âge de six ans. S'il y restait une demi-heure, son père lui donnait dix sous. Devenu grand, il y passa des heures !

Maurice Ravel est né en France, au Pays basque.

Ravel était très jeune quand ses parents s'installèrent à Paris.

Le père de Ravel aimait beaucoup la musique. Il encourageait son fils.

Jeune adolescent, Ravel proposait déjà à ses professeurs des compositions étonnantes.

Il avait la passion des automates. Il écoutait avec attention les ressorts !

Ravel adorait les chats. Il en avait chez lui une grande quantité.

Ravel partit à la guerre. Malade, il rentra et se consacra à la musique.

Ravel a composé des pièces enfantines. Dans les contes de *Ma mère l'oye*, on retrouve le Petit Poucet et la Belle et la Bête.

GUIDE D'ÉCOUTE

Tu pourras découvrir le son de quelques instruments présentés dans ton Imagerie en écoutant les disques indiqués ci-après !

Les six Concertos pour flûte,
d'Antonio Vivaldi

Syrinx,
de Claude Debussy

Sonate pour clarinette et piano en fa mineur,
de Johannes Brahms

Pierre et le loup (le canard),
de Serge Prokofiev

Concerto brandebourgeois n° 2,
de Jean-Sébastien Bach

Tableaux d'une exposition (Bydlo),
de Moussorgsky, orchestration de Maurice Ravel

Pierre et le loup (le loup),
de Serge Prokofiev

Si tu es inscrit dans une médiathèque, pense à emprunter ces disques ou même des cassettes vidéo qui présentent des ballets filmés.

Une petite musique de nuit,
de Wolfgang Amadeus Mozart

Le carnaval des animaux (le cygne),
de camille Saint-Saëns

Le carnaval des animaux (l'éléphant)
de Camille Saint Saëns

Le concerto de Aranjuez,
de Joaquin Rodrigo

Concerto pour flûte et harpe,
de Wolfgang Amadeus Mozart

Jeux d'eau de Maurice Ravel

Petrouchka d'Igor Stravinski
Casse-noisette, de Piotr Ilitch Tchaïkovski

TABLE DES MATIÈRES

ISBN : 2.215.031.79.4
© Editions FLEURUS, 1996
Dépôt légal mai 1996
Imprimé en Italie.

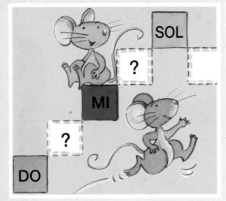

DO — MI — SOL